이렇게
살아도
되는
걸까?

전문직도 부익부 빈익빈 시대

이렇게 살아도 되는 걸까?

백상철 지음

이 책을 펼치는 순간 당신의 미래는 새롭게 펼쳐진다

세상에는 다섯 분류의 사람이 살고 있다.
그러는 당신은 어느 쪽인가?

1 매우 부지런하고, 완벽함
(똑똑함, 그 자체!)

2 매우 똑똑하고, 게으름
(현실적임, 책임감 상실)

3 매우 긍정적임과 부정적 견해
(쉽게 포기, 중도하차)

4 무식하고, 무대포
(그냥그냥, 개념없음)

5 멍청하고, 부지런함
(제일 위험한 사람)

만약 당신이 1번,2번,3번에 해당한다면, 이 책에서 많은 것을 발견 할 것이다. 만약 4번, 5번에 해당한다면 군이 이 책을 펼쳐 읽을 필요는 없다.

돈 잘 벌고 싶은 여러분들께

살면서 삶을 영위하는 데 돈이 얼마나 중요한지는 따로 설명하지 않아도 모두 알고 있으리라 믿습니다. 물론 돈이 인생의 전부는 아니지만, 만족스러운 인생을 살기 위해서는 돈이 무엇보다 가장 중요하다는 것에는 누구나 고개를 끄덕일 것입니다.

한때《정의란 무엇인가》라는 책으로 신드롬을 일으켰던 마이클 샌델 하버드대학 교수의 또 다른 저서《돈으로 살 수 없는 것들》을 보면, 재미있게도 실제로는 돈으로 살 수 있는 것들이 얼마나 많은지 보여주는 사례들이 많이 나옵니다.

현대사회에서 돈은 물질적 풍요는 물론 시간적 자유와 삶의 질까지 담보해주는 절대적인 가치인 것입니다.

결국 우리가 더 행복한 인생을 살고자 할 때, 그리고 풍요롭고 안정적인 미래를 원할 때 가장 우선적으로 해결해야 할 것은 '경제적 문제'입니다. 더구나 요즘처럼 전 세계적인 장기불황이 이어지고 있는 상황에서 경제적인 문제는 단순히 돈 문제가 아니라 생존의 문제가 될 수밖에 없습니다.

역사상 변화의 속도가 지금처럼 빨랐던 시대는 없습니다. 새로 나온 스마트폰에 익숙해지기 무섭게 어느새 손 안의 휴대전화는 구형이 되고 마는 세상입니다. 또 세계적으로 유례없는 인구 고령화가 급속히 진행되는 상황 속에서 갈수록 줄어드는 일자리 탓에 조기은퇴와 노년층 빈곤으로 인한 사회 문제는 더욱 가속화될 전망입니다. 좀체 경기를 타지 않던 골목 상권도 최악의 불황에 시달리고 있습니다. 이 와중에 사람의 수명은 역사상 그 어느 때보다 길어져서, 통계 수치만 보면 이미 우리가 일하는 시간과 맞먹는 긴 시간 동안을 뚜렷한 직업이나 수입원 없이 보내야 하는 실정입니다. 미래를 제대로 계획하지 않을 경우 앞날은 암울할 수밖에 없는 것입니다.

당신은 어떤 미래를 기대하고 있습니까? 자식이나 정부 보조금에 기대 근근이 살아갈 생각입니까? 아니면 무덤에 들어가기 직전까지 지친 육신을 이끌고 계속 경쟁 사회에 소속되어 일하고 싶습니까?

아니면 보다 나은 미래를 위해서 시간과 경제적 자유를 누릴 수 있는 네트워크 비즈니스를 지금 만나보십시오. 네트워크 비즈니스를 통해 당신의 인생은 역전될 수 있습니다.

백상철

목차

3 // 네트워크 비즈니스 해봤어요?

4 // 많은 이들이 이 사업을 선택하는 기준은 여기에 있다

성공조건을 갖추었는지 4p 체크하기

1

왜 네트워크 비즈니스를
해야 하는가?

1

첫 번째

수입보다 빠른 물가 상승에 그 이유가 있다

얼마 전 '최저시급으로 장보기'라는 글이 화제가 된 적이 있습니다. 최저시급을 받고 두 시간 동안 일했을 때, 슈퍼마켓에서 살 수 있는 식료품을 각 나라별로 소개한 글이었습니다. 놀랍게도 최저시급이 우리보다 낮은데도 풍성하게 차린 곳도 많았고 물가가 비싼 곳인데도 풍성한 곳이 있었습니다. 심지어 물가가 비싸기로 악명 높은 런던도 우리나라보다 풍성한 차림이었습니다. 몇 년째 제자리걸음인 우리네 소득에 비해 우리나라의 물가가 얼마나 살인적으로 올랐는지 단적으로 보여주는 예라고 하지 않을 수 없습니다.

2015년 서울연구원에서는 '광복70년, 서울은 어떻게 변했을까 : 생활물가 편' 인포그래픽스를 발표하면서 재미있는

통계를 내놓았습니다. 1945년 3원에 출시했던 담뱃값이 현재는 4,500원으로 1,500배 뛰었으며 라면은 10원에서 760원으로 76배, 자장면은 25원에서 4,500원으로 184배가 올랐다는 것입니다. 광복 이후 반세기 만에 우리나라의 물가가 얼마나 무서울 정도로 올랐는지를 여실히 보여주고 있습니다. 하지만 치솟는 물가에 비해 서민들의 소득은 크게 오르지 않았지요. 더구나 근래 몇 해간의 실질 소득은 오히려 감소한 추세입니다. 서민 1가구당 가계부채는 기하급수적으로 늘어가고 이를 감당하지 못 해 개인회생을 신청하는 사람들도 폭발적으로 증가하고 있습니다. 경기가 몇 년째 제자리걸음인데다 일자리도 줄어들어 명문대를 나와도 취직이 쉽지 않은 상황입니다.

'오르지 않는 것은 아이의 성적과 월급 뿐'이란 농담처럼 전반적인 소득의 증가가 따르지 않는 상황에서 삶의 불안감은 날이 갈수록 증대될 수밖에 없습니다. 특히 자산이 형성되어 있지 않고, 소득이 적은 계층일수록 타격을 크게 받을 수밖에 없습니다.

이럴 때 무엇을 할 수 있을까요?

첫 번째는 미래에 대한 계획입니다.

두 번째는 재정적 자원을 늘일 방법을 모색하는 일입니다.

절망과 희망은 처음엔 작은 차이를 지니고 있지만 시간이 흐를수록 큰 차이를 보입니다.

지금 눈앞에 보이는 우울한 현실에 지나치게 몰입되기 보다는 노력하면 내일은 오늘보다 나아질 것이란 마음가짐이 필요한 것입니다. 주변을 돌아보십시오. 항상 부정적이고 비판적인 사람들은 늘 제자리이지만 긍정적인 마음가짐으로 노력하는 사람들은 꾸준히 앞으로 나아가고 있음을 알 수 있습니다.

하지만 긍정론 못지않게 현실인식을 제대로 하는 것도 중요합니다. 그래야 미래를 위한 올바른 전략을 세울 수 있습니다. 치솟는 물가와 끝이 보이지 않는 경기 침체 속에서 안정적으로 삶을 유지하기 위해서는 언제나 통장에 여유 자산이 충분히 들어 있어야 합니다.

내 집 마련과 아이의 학자금을 위해 차곡차곡 돈을 모아가는 한편, 갑작스러운 질병과 실직 같은 위험에도 대처해야 하지요. 하지만 저축만으로는 이 모든 것을 해결할 수 없습니다. 회사에서 열심히 일해 직위가 오르고 월급이 오르더라도 생활비는 그보다 더 뛰어오르고 마는 현재 상황에서, 미래를 위해 우선적으로 고려해볼 일은 부수적인 수입을 올릴 수 있는 방법을 모색하는 것입니다.

　네트워크 비즈니스는 현재 하고 있는 일과 함께 추가적인 수입을 얻는 가장 획기적인 사업입니다.

2

두 번째

금융수익, 부동산 수익은 한정되어 있다

평범한 샐러리맨이 월급의 일정 부분을 떼어 저축을 해서, 혹은 부동산이나 증권에 투자를 해서 부자가 될 확률은 얼마나 될까요? 통계에 의하면 고작 5%에도 미치지 못한다고 합니다. 왜 그럴까요? 경제 패러다임이 바뀌었기 때문입니다. 우리는 더 이상 전망이 좋다는 곳에 부동산을 사두고 땅값이 오르기만 기다려도 되는 그런 시대에 살고 있지 않습니다. 우리나라의 주택보급률은 이미 100%에 달했습니다. 다가구주택을 1가구로 계산하고 오피스텔은 가구 수에 포함되지 않는다는 점을 고려하면 서울의 주택보급률은 100%를 훌쩍 넘어선 지 오래입니다. 급격한 집값 폭등은 이제 오지 않을 것입니다.

그럼 차곡차곡 돈을 모아 은행에 예금해두는 것이 가장 현명한 방법일까요?

예를 하나 들어보겠습니다. 은행에 100원을 예금하려고 가는데 풀빵이 갑자기 땡깁니다. 100원으로 풀빵을 사 먹을 것이냐? 아니면 저금을 할 것이냐? 고민에 고민을 거듭하다 마지막 순간에 은행을 선택했습니다. 그리고 풀빵의 유혹을 뿌리친 덕분에 1년 뒤 이자 10원을 보태서 총 110원을 받았습니다. 100원을 예금하고 10원의 이자를 받았으니 금리는 10%입니다.

기쁜 마음으로 110원을 찾아 집으로 돌아오는데 눈앞에 풀빵가게가 보입니다.

'그래! 100원으로 풀빵을 사 먹고, 나머지 돈 10원은 돼지 저금통에 넣자.'

이런 생각을 하고 풀빵을 사러갔는데 놀라운 일이 벌어졌습니다. 풀빵가격이 110원으로 올라 있는 것입니다. 풀빵 가격이 10%나 오른 덕분에 일 년 동안 먹고 싶은 것 안 먹고, 사고 싶은 것 안 사면서 예금을 한 보람이 없어져버렸습니다. 여기서 우리는 단순히 통장에 찍히는 금리는 큰 의미가 없다는 사실을 알게 됩니다. 따라서 우리가 예금할 때 관심을 기울여야 할 것은 실제로 주머니에 떨어지는 금리입니다. 만약 은행금리가 10%인데 물가가 앞으로 20% 뛸 것 같다면 절대로 은행에 예금을 하면 안 됩니다. 왜냐하면 실제로 우리 주머니에 떨어지는 실질금리가 마이너스 10%라서 오히려 손해이기 때문입니다.

이미 우리나라는 실제로 실질금리 마이너스 시대에 돌입했다고 볼 수 있습니다. 2015년에 들어서면서 국내 은행의 예금 평균 금리가 2%대에서 1%대로 떨어져서, 물가 상승률과 이자소득세 같은 세금을 감안하면 은행에 저금한다고 맡겨봤자 손해를 입게 된 것입니다.

더욱이 실질금리 마이너스 시대는 장기화될 것으로 예측되고 있습니다. 수많은 경제학자들이 저금리 시대를 촉발시킨 동시다발적 경기 침체를 구조적으로 풀기 어려운 상황으로 보고 있습니다. 전 세계적 저금리 기조도 예상보다 오래 갈 가능성이 크다고 내다보는 학자도 많습니다. 이자로 생활하는 것은 불가능한 시대가 되어버린 것입니다.

가계부채가 1천조 원을 넘어선 지금, 대한민국 가정경제는 언제 터질지 모를 핵폭탄과도 같은 위험수위에 도달하고 말았습니다. 게다가 매년 돈 가치가 떨어지니 지금은 한 달

생활비로 150만 원을 쓴다고 해도 10년 뒤에는 그 돈으로는 도저히 생활할 수가 없게 될 것이 뻔합니다. 그렇다고 주식 투자를 할까요? 주식 투자로 수입을 올리는 사람보다 주식 투자로 전 재산을 날리고 패가망신한 사람들을 오히려 더 쉽게 찾아볼 수 있을 것입니다.

3

세 번째

인터넷을 통한 유통구조는 변하고 있다

지난 10여 년간 인터넷은 우리 사회 및 경제에 급속한 변화를 가져왔습니다. 최근 새로이 개발된 스마트폰과 태블릿PC 등은 다시 한 번 우리 사회와 경제를 소용돌이 속으로 밀어 넣고 있습니다. 스마트 기기를 포함한 인터넷은 우리의 일상생활뿐 아니라 기업, 시장, 경제 시스템에 크나큰 변화를 가져왔으며, 검색, SNS 등 인터넷을 기반으로 하는 비즈니스도 급부상하고 있습니다.

당대의 경영평론가 톰 피터스는 "향후 10년에서 15년 사이에 화이트칼라 직업의 90%가 사라지게 될 것"이라고 단언하고 있습니다. 피터스는 그 논거로 다섯 가지의 조류를 꼽고 있는데 다음과 같습니다.

첫째, 초거대 닷컴의 지배. 즉 인터넷 관련기업이 국경을 초월한 글로벌 기업으로 성장해 빠르고 강한 자만이 살아남게 되는 직업 문화를 만들어낸다는 전망입니다.

둘째, 기업 소프트웨어의 득세. 이제는 사람보다 똑똑해진 컴퓨터 프로그램이 인사, 생산, 판매, 회계 등의 전문직 화이트칼라들을 회사 밖으로 몰아내리라는 예측입니다. 과거 대량생산 기계의 등장으로 수많은 블루칼라 노동자들이 퇴출된 것과 마찬가지로 말입니다.

셋째, 아웃소싱. 값싼 인건비 때문에 제3세계에 공장을 세웠던 것처럼, 이제는 화이트칼라 인력마저도 인건비가 싼 제3세계에서 찾게 될 것이라는 진단입니다. 인도나 아프리카 등 여러 나라들에 있는 고학력 인재들에게 국내 인건비의 1/10 가격으로 일을 주겠다는 것이죠.

넷째, 전자상거래의 활성화. 이제는 기업 대 개인 소비자뿐 아니라 기업 대 기업의 거래도 인터넷을 통해 이루어지고 있는 실정입니다. 국경을 넘은 인터넷 직거래 시장은 매년 폭발적으로 늘어나고 있고 아마존닷컴과 같은 인터넷 기업은 전 세계로 마진을 최소화한 가격으로 제품을 배달하고 있습니다. 이제는 유통업자들이 설 땅이 없는 것입니다.

다섯째, 시간의 압축. 처음 라디오가 개발되었을 때는 5,000만 가구에 보급되기까지 40년 가까이 걸렸지만, 인터넷이 그렇게 되기까지는 4년이면 족했습니다. 엄청난 직업의 변화가 넥타이 부대들의 앞으로 몰려오고 있다는 얘기입니다.

실제로 현재 일본에서는 요리사라는 직업이 점점 사라지고 있다고 합니다. 수백 명의 손님을 수용하는 대형 초밥집이 최근 화제를 불러일으켰는데 놀랍게도 그 식당에는 초밥 요리사가 단 한 명도 없습니다. 초밥 찍는 기계가 요리사를 대체하여 초밥을 만들어내기 때문입니다. 맛도 차이가 없다고 합니다.

이렇게 인건비가 절약되니 싼값에 질 좋은 초밥이 제공되어 소비자 만족도가 아주 높다고 합니다. 장인정신을 존중하는 일본을 생각한다면 충격적인 모습이 아닐 수 없습니다.

또 미국에서는 이미 무인자동차의 합법화를 많은 주에서 채택하여 상용화를 앞두고 있습니다. 무인자동차의 상용화는 핵폭탄급 대량실업사태를 예고하고 있습니다. 운전기사뿐만 아니라 운전학원 종사자들, 택시업체 종사자들, 중고차 시장 등에 엄청난 실업사태가 예견되고 있는 실정입니다.

그밖에 톨게이트 수금사원, 마트 캐셔 등 수많은 직업군이 사라질 거라는 것은 쉽게 추측이 가능한 요즘입니다. 고도의 기술이 발전된 문명사회에서 인간만이 할 수 있는 영역은 점점 줄어들고 있는 것입니다. 현재 안정적인 직장에 있다고 해도 절대로 안심할 수 없는 이유입니다.

4

네 번째

전문직도
안심할 수
없다

우리 국민 중 월 소득이 1,000만 원이 넘
는 고소득자는 약 3만 명 정도라고 합니
다. 이들을 우리 사회의 상류계층으로 분류해도 좋을 것입
니다. 상류계층은 소비보다 소득이 더 많기 때문에 돈으로
부터 완전히 자유롭다고 할 수 있습니다.

이들 외에도 변호사, 의사, 회계사 등 전문가 집단이나 중
소 자영업자, 기업의 중역 등을 포함한 국민의 5% 정도가 대
체로 돈으로 인한 고통을 거의 받지 않고 살고 있다고 합니
다. 하지만 적어도 95%의 국민들은 돈으로부터 충분히 자유
롭지 못한 삶을 살고 있습니다. 통계청이 발표한 '2014년 상
반기 지역별 고용조사'에 따르면, 1천 900만 명의 임금근로
자 중 절반 가량은 한 달 월급이 200만 원에 못 미치는 것으

로 조사되었습니다. 살인적으로 치솟은 물가를 감안하면 여유 있는 생활을 하기에는 턱도 없는 액수입니다. 즉 보통 사람이라면 대부분 소득보다 지출이 많은 적자생활을 하고 있다고 봐도 무방할 것입니다. 수입에 상응하는 부채를 지고 있기에 이자나 원금을 갚아나가는 데 급급한 부채형 가계를 운용한다는 뜻입니다.

월 평균 임금변화

단위 : (%)

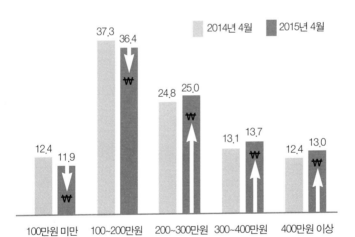

2014년 4월　2015년 4월

| 100만원 미만 | 100~200만원 | 200~300만원 | 300~400만원 | 400만원 이상 |

출처 : 통계청

재정적 자유를 누리는 이들을 분류해 보면 상속에 의한 부유층이 18%, 전문직 종사자가 15%, 자영업자가 67%로 되어 있습니다.

그러나 전문직업인들도 결코 안전하지 않습니다. 변호사는 누구나 부러워하는 직업입니다. 웬만큼 좋은 머리가 아니고서는 될 수 없는 직업이기에 더욱 그렇습니다. 정년퇴직이 없다는 것도 매력적인 점입니다.

의사는 또 어떨까요? 과거에 각광받던 외과나 내과는 이제 3D업종 취급을 받으며 천대를 받고 있습니다. 응급환자 때문에 늘 긴장해야 하고 수십 시간의 수술, 의료사고에 대한 부담감 등등 때문입니다. 안과나 치과, 성형외과 등은 외과나 내과에 비해 수월하지만 그마저도 평생 고소득을 보장한다고 볼 수는 없습니다.

어느 소아과의사는 개업하자마자 환자들이 몰려들었다고 합니다. 당연히 돈도 많이 벌었고 덕분에 풍족한 생활을 누릴 수 있었지요. 그런데 세월이 흐른 어느 날부턴가 손님이 줄기 시작했습니다. 이유는 알 수 없었지만 날이 갈수록 환자가 줄어드는 것을 확연히 느낄 수 있었지요. 결국 그 소아과 의사는 젊은 엄마들이 늙은 의사에게 아이들을 맡기기 싫어한다는 것을 알게 됐습니다. 갑자기 마음이 조급해진 그는 사재를 털어 제약회사를 차렸습니다. 하지만 그 제약회사는 1년도 안 돼 망해버렸습니다. 평생 의사로서 남에게 고개를 숙여본 적 없는 그가 콧대 높은 병원을 상대로 로비를 하는 데 실패했기 때문입니다. 한마디로 그는 영업력이 제로 상태였던 것입니다.

현재는 고수익을 보장해주는 전문직을 갖고 있다고 하더라도 평생을 보장해준다고 생각하는 것은 순진한 일인 것입니다. 세상은 변하고 있기 때문입니다.

다섯 번째

네트워크 비즈니스는 성장 속에 있다

현대사회를 살아가는 우리는 제품과 서비스를 이용하지 않고서는 도저히 살아갈 수가 없습니다. 따지고 보면 우리의 생활을 유지하는 가장 큰 부분은 소비와 유통인 것입니다. 유통이란 '제품과 서비스 등이 생산자로부터 소비자·수요자에게 도달하기까지의 여러 단계에서 교환되고 분배되는 활동'을 말합니다. 재미있는 것은 이 과정에 당신에게 기회를 주는 '숨어있는 부'가 있다는 사실입니다. 역사적으로 유통과정의 발전단계는 바로 이 '숨어있는 부'에 먼저 근접하기 위한 노력에서 비롯되었습니다.

'누가 더 빨리 소비자에게 고품질의 제품 또는 서비스를 가장 합리적인 가격에 제공하는가?'를 두고 치열하게 고민했습니다. 기존의 유통체제를 혁신시킬 유통 신기술의 개발은 순식간에 엄청난 부를 가져다주었기 때문입니다.

"여러분은 자신의 성공을 위해 노력하면서 다른 사람들에게도 기회를 줌으로써 국가와 경제를 부강하게 합니다. …… 저는 여러 해 동안 여러분 업계의 성장을 지켜보았습니다. 이 업계는 사람들에게 기회를 줍니다. 이것이야말로 아메리칸 드림의 정수입니다."

이 말을 한 사람은 역대 미국 대통령 가운데 어떤 문제에 대해서도 시대의 흐름을 철저히 검토하고 말하기로 소문난 빌 클린턴이었습니다. 이 내용은 미국직접판매협회(DSA) 회원 기업의 판매 대표들을 위해 그가 대통령 재직 당시 특별히 준비한 비디오 녹화 테이프 성명의 일부입니다. 이처럼 네트워크 비즈니스의 중요성은 미국의 대통령도 공식 인정한 것입니다.

1940년대에 캘리포니아의 바이타민스 사(社)는 한 사람의 영업사원이 많은 판매고를 올리는 것보다 여러 사람이 조금씩 판매하는 방법이 매출을 늘리는 데 훨씬 더 수월하다는 점을 알았습니다. 또한 자사의 영업사원은 판매자이자 자사 제품의 소비자인 것도 알았습니다. 이를 파악한 회사는 '영업사원들이 제품에 만족한 소비자들로부터 신규 판매자를 모집해서, 올린 매출실적에 따라 보상한다'는 획기적인 아이디어를 내놓았습니다. 이것이 오늘날 말하는 네트워크 비즈니스의 탄생이었습니다.

이후로 미국의 다국적 네트워크 비즈니스 기업은 1990년대 중반 이후 해외에서 놀라운 성장 속도를 보이고 있습니다. 그 성장률이 한때는 미국 전체 경제 성장 속도를 앞지르기도 했으니 엄청난 규모입니다. 한국, 중국, 일본, 멕시코, 러시아, 베트남, 인도, 남아프리카, 남미 각 국 등 미국 외의 국가들에서도 매년 500개 정도의 네트워크 마케팅 기업이 설립되었습니다.

세계직접판매연맹(WFDSA)이 2006년 발표한 자료에 따르면 전 세계에 5,800만 명이 넘는 네트워크 마케터들이 활동하고 있는 것으로 집계됐습니다. 또 이 협회에 등록된 53개 주요 회원국의 전체 매출액은 1993년 616억 7,000만 달러를 기점으로 세계경제의 불황에도 불구하고 지속적인 신장세를 기록했습니다. 2001년에는 784억 4,000만 달러였지만,

2006년 1,091억 8,400만 달러를 기록함으로써 마침내 1,000
억 달러의 벽도 넘어섰습니다.

우리나라의 경우, 네트워크 비즈니스는 국내 상륙 10년
만에 약 6조원 시장으로 확대되는 기염을 토했습니다. 1998
년에는 4,250억 원에서 2000년 2조원으로 늘었고, 2002년에
는 6조원 시장으로 확대됐습니다.

2002년에는 정부가 방문판매법을 개정해 소비자보상보험
등의 가입이 의무화 됐습니다. 이에 대한 대처능력이 없던
영세업체 및 불법업체들은 줄줄이 업계에서 퇴출되었지만
정도경영을 실천하는 업체들은 고객들의 신뢰 속에 더욱 도
약할 수 있는 계기가 됐습니다.

공정거래위원회 자료에 따르면 2006년 업계 총매출액은 1
조 9,371억 원이었으며(업체 수 70여 개), 사업자 수는 총
312만 4,036명이 활동하고 있는 것으로 조사됐습니다. 불법
과 탈법을 일삼던 업체들이 자연스럽게 퇴출되고 업체 스스
로가 자정노력을 펼친 결과, 네트워크 마케팅 산업은 이제
대한민국 유통산업의 한 축을 담당하는 신유통체계로서의
위상을 굳혀 가고 있습니다. 여기에 더해 국내 네트워크비

즈니스 기업은 전자상거래를 도입해 인터넷 쇼핑몰과 결합하면서 성장엔진을 새롭게 정착했습니다.

네트워크 비즈니스는 다른 측면에서 봤을 때 '복합 비즈니스'입니다. 처음에 상품을 소개하고 소비하기까지는 방문판매와 같습니다. 다음으로 상품 구매자가 상품에 만족하게 되면, 그를 회원으로 가입시켜 회사로부터 직접 구입하는 방법을 알려줍니다. 이는 회원제에 의한 통신판매와 유사합니다. 그 뒤 그 사람이 직접 구입을 하고, 더 나아가 그의 친구들이나 친척들에게 같은 과정으로 상품을 직접 구입하는 방법을 설명해주게 됩니다.

아하, 그렇구나!

백만장자들의 주요 직업 분야

직업군	생산요소의 결합상태
금융업	정보+자본
최첨단 기기 서비스업	정보+기술
네트워크 마케팅	정보+인적자원
부동산 컨설팅업	정보+자본

이제 네트워크 비즈니스에는 새로운 바람이 불고 있습니다. 인터네트워킹은 인터넷 전자상거래와 결합한 네트워크 비즈니스의 새 물결입니다. 정보통신기술이 발전함에 따라 사업자의 추가 소득은 더욱 커지고 있는 추세입니다. 네트워크 비즈니스에 대한 전 세계적인 인지도 증가는 기하급수적이며, 날이 갈수록 더욱 많은 신제품이 네트워크 마케팅을 통해 소비되고 있습니다. 따라서 소비자가 사업자로 활동하며 실적에 따라 수당을 받는 네트워크 비즈니스는 앞으로도 초고속 고공비행을 지속하리라 전망됩니다.

2

위협받고 있는 전문직
삶 들여다보기

1

의사, 변호사, 약사 전문직도 위협받고 있다

우리사회에서 최고 엘리트들이 소속된 직업군인 판사, 검사 등 법률직과 의사, 약사 등 의료직은 흔히들 최고의 직업으로 손꼽는 전문직입니다. 사회적으로 전문성을 인정받는 데다 업무권한이나 자율성이 높아 직장 만족도도 높습니다. 임금이나 복리후생 등 보상 측면과 근무여건 면에서 봐도 최고 직업으로 손색이 없습니다. 그러나 법조인과 의료인이라는 직업이 미래에도 장밋빛인지 옆 페이지 그래프를 통해 알아봅시다.

일단 판사, 검사는 계속 유망 직업 지위를 유지하리라는 주장에는 이견이 없습니다. 하지만 변호사에 대한 전망은 엇갈립니다. 커리어컨설턴트협회는 변호사를 5년 후 유망 직업 9위로 꼽은 데 반해, 한국직업능력개발원은 직업전망지표에서 변호사의 직업지표를 크게 낮춘 것만 봐도 알 수 있습니다.

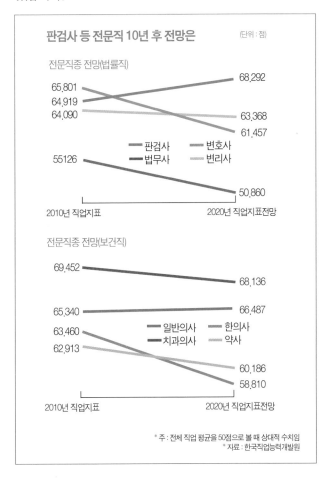

판검사 등 전문직 10년 후 전망은 (단위 : 점)

전문직종 전망(법률직)

65,801
64,919
64,090
68,292
63,368
61,457

판검사　변호사
법무사　변리사

55126
50,860

2010년 직업지표　　　　2020년 직업지표전망

전문직종 전망(보건직)

69,452
68,136

65,340
66,487

일반의사　한의사
치과의사　약사

63,460
62,913

60,186
58,810

2010년 직업지표　　　　2020년 직업지표전망

* 주 : 전체 직업 평균을 50점으로 볼 때 상대적 수치임
* 자료 : 한국직업능력개발원

변호사 전망을 부정적으로 본 가장 큰 이유는 변호사 1인당 수임건수가 감소될 것으로 예상되기 때문입니다. 실제로 법학전문대학원 제도가 도입된 이후 신규 변호사 배출 수가 급증하고 있습니다. 2012년 법학전문대학원 졸업자와 사법시험에 합격하고 사법연수원을 졸업한 신규 법조인은 최소 2,500여 명. 무려 전체 변호사 수의 23%에 달하는 숫자입니다.

법률시장 개방도 변호사 전망을 좋지 않게 보는 이유입니다. 2015년 7월 1일 한·EU 자유무역협정(FTA) 발효로 법률시장이 개방되면 외국계 로펌이 국내에 진출할 수 있게 됩니다. 이미 지난 1월 12일 사법연수원을 수료한 781명 중 일자리를 찾지 못한 연수생이 절반에 가까운 343명에 달하는 실정입니다.

변호사를 긍정적으로 바라보는 전문가들도 "변호사는 없어질 수 없는 직종이기 때문에 개인 능력에 따라 일부 변호사들은 지금보다 더 좋은 대우를 받게 될 것"이라고 예측했습니다. 그야말로 빈익빈 부익부인 것입니다.

그렇다면 의사는 어떨까요? 일단 과도한 업무량과 스트레스, 장시간 근무 등 근무 여건이 좋지 않아 의사의 지위, 그리고 근무환경, 전망은 빠른 속도로 어두워지고 있는 것 같습니다. 게다가 요즈음 배출되는 의사의 수는 매년 3천명 이상입니다. 내과전문의만 해도 1년에 600명씩 나오고 있습니다. 이미 의사면허번호가 10만을 돌파한 지 오래입니다.

그뿐만이 아닙니다. 의사는 평균보다 사회 진출 시기가 늦습니다. 의대 6년, 인턴 1년, 레지던트 4년, 군의관 혹은 공보의 3년, 펠로우 2년 등의 과정을 거쳐야 하는데, 이 말은 즉 20살에 의대를 입학해도 36세에나 독립적인 의사가 될 수 있다는 얘기입니다.

의사가 된 후에는 돈 들여서 개원하거나 돈 없으면 월급의사로 취직해서 살아야 합니다. 문제는 의사들은 오래 근무한다고 해서 일반 회사원처럼 월급이 올라가는 구조가 아니라는 것입니다. 오히려 월급은 대략 1년에 50~100만원씩 떨어지고 있는 추세입니다. 월급이 오르기는커녕 떨어지지 않으면 다행인 것입니다. 병원 경영자 입장에선 신기술을 배우고 나온 젊은 의사들을 당연히 선호하기 때문입니다.

결국 의사가 되면 90%는 좋든 싫든 결국 개업을 하게 됩니다. 수입도 천차만별입니다. 전문의사와 일반의사 임금수

준을 비교했을 때, 전문의사 상위 25%는 월 1,230만원, 하위 25%는 340만원으로, 일반의사 상위 25%는 월 460만원, 하위 25%는 220만원으로 나타났습니다. 생각보다 훨씬 낮은 수입입니다.

만약 병원을 개업했는데 망한다면 재기할 방법이 딱히 없습니다. 의사의 특성상 업종을 바꿔서 전직이나 이직이 되는 것도 아니고, 의학 이외의 지식이나 세상의 흐름에 어두워 다른 방면으로의 진출이 쉽지도 않습니다. 결국 임상의사의 길로 접어들 경우 실패를 대비한 대안이 없는 것이죠. 요즘에는 개업 경쟁이 치열해져서 신규 개업한 의사들은 초기 안정화를 위해 야간진료, 휴일진료를 하는 경우도 많습니다. 물러설 곳이 없는 상태에서 경쟁은 더 치열해지고 있는 것입니다.

한의사의 경우는 더 부정적입니다. 역시 한의대에서 배출하는 한의사 면허 등록자 수가 대폭 증가하고 있어서입니다. 폐업한 한의원이 2009년 한 해에만 727개에 달했다는 것만 보아도 미래를 낙관하기 힘듭니다. 전문가들이 한의사를 부정적으로 전망하는 이유는 보약 수요 급감 때문입니다.

홍삼, 복분자, 구기자, 산수유 등 건강기능식품이 보약 시장을 이미 잠식한 상황에서, 이상기온으로 한약재 생산이 감소해 보약 가격이 상승한 것도 소비자들이 보약을 외면하는 이유가 되고 있습니다.

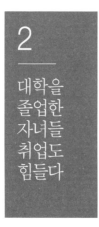

2

대학을
졸업한
자녀들
취업도
힘들다

요즘 청년들은 일컬어 '삼포세대' 라는 용어를 사용합니다. 연애, 결혼, 출산 세 가지를 포기한 세대라는 뜻입니다. 여기에 인간관계와 집을 추가로 포기한 오포세대, 오포세대에서 꿈과 희망마저 포기한 칠포세대 등의 용어들이 요즘 청년들의 현실을 대변하고 있습니다.

근래에는 청년실업문제와 신용불량자의 합성어인 '청년실신' 이라는 신조어도 나오고 있습니다. 최악의 청년실업 시대를 살아가는데다가 대학을 졸업함과 동시에

학자금 대출로 인한 빚쟁이로 사회생활을 시작하게 되는 것입니다.

한국장학재단에서 공개한 자료를 살펴보면, 학자금 대출금을 갚지 못해 법적조치를 받은 학생들이 매년 늘어나는 것으로 밝혀졌습니다. 한국장학재단에서 학자금 대출이 시행된 2009년부터 2014년까지 총 412만 여명이 대출을 받은 것으로 나타났으며, 대출금액은 총 14조여 원 가량입니다. 이중 학자금 대출을 갚지 못해 법적조치를 받은 학생들은 1만 5,000여 명에 달하며, 총 1천억 원 가량의 금액을 갚지 못해 가압류·소송·강제집행의 법적조치를 당한 것으로 나타났습니다.

2014년에는 총 6,500여명의 학생들이 450억 원 가량의 채무로 인해 법적조치를 당했습니다. 이는 학자금 대출이 시행된 2009년 대비 10배에 달하는 인원이며, 채무액 또한 12배가량으로 증가하여 5년 사이 학자금 대출 연체로 인한 법적조치가 급속이 증가했다는 수치를 보이고 있습니다.

한국고용정보원이 발표한 '대졸자 직업 이동 경로조사'에 따르면 대졸자(2~3년제 포함)가 졸업 후 일자리를 갖는

데 평균 11개월 정도 걸린다고 합니다. 입학에서 졸업까지 남성은 6.5년, 여성은 4년이 걸렸으며, 대다수의 졸업자들이 바로 취업이 되지 않아 '1년 가까이를' 무직으로 보내는 형편입니다. 취업을 해도 연봉이 기대치보다 적다고 느끼는 직장인들이 많았습니다. 대졸 희망연봉은 2,600만 원 정도였지만 실제 연봉은 2,200만 원으로 기대치보다 400만 원 적은 것으로 나타났습니다.

'알바' 내몰리는 삼포세대

71% 대학 졸업 후 여성 아르바이트 경험자. 남성은 66.9%

2.7개 대졸 미취업자 아르바이트 평균 개수. 기간은 1.4년

23.4시간 아르바이트 참여자 주당 평균 근로시간. 평균 주급 21만7000원

※ 출처: 한국직업능력개발원

이처럼 요즘 대졸자들은 학자금 대출로 인해 사회에 진출할 때 이미 수천 만원의 빚을 지고 그것을 갚기 위해 또 다른 빚을 내고 있는 상황입니다. 대학을 졸업하고 간신히 취업을 하더라도 빚을 제대로 해결하지 못하는 상황이라면 우리 젊은이들의 사회

생활은 첫걸음 부터가 암울할 수밖에 없습니다.

더 나쁜 소식은 지금의 20대들이 은퇴할 무렵이면 국민연금을 받을 확률이 굉장히 낮아진다는 것입니다.

저출산과 고령화로 세금을 내는 사람은 줄었지만, 연금을 받는 사람은 계속 늘어날 추세이기 때문입니다.

이에 따라 젊은 세대는 막중한 세금을 부담하면서도 다음 세대의 필연적인 감소로 연금을 받을 수 있는 미래는 한없이 불투명하기만 합니다.

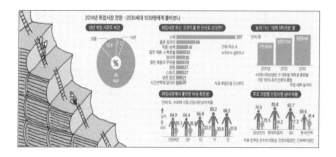

3

40~50대의
직장인은
어떤가?

직장인이 되었다고 해도 역시 빚으로부터 자유로울 수 없습니다. 우리나라 구직자와 직장인을 대상으로 부채 현황에 대해 설문 조사를 하자 무려 56.4%가 '빚이 있다'고 응답했습니다.

직장인의 평균 부채규모는 약 2,800만 원이었으며 그중 가장 높은 부채사유는 내 집 마련과 가정생활비였습니다. 또 대부분의 구직자와 직장인들은 부채 상환에 대한 스트레스가 매우 높은 것으로 나타났습니다.

통계청에 의하면 우리나라 국민 대부분이 스스로를 서민층이라고 생각하는 것으로 나타나고 있습니다. 상류층을 선택한 응답자보다 극빈층이라고 대답한 사람이 20배 많습니다.

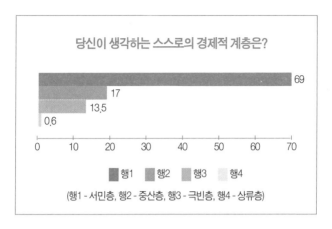

당신이 생각하는 스스로의 경제적 계층은?

69
17
13.5
0.6

0   10   20   30   40   50   60   70

■ 행1 ■ 행2 ■ 행3 ■ 행4

(행1 - 서민층, 행2 - 중산층, 행3 - 극빈층, 행4 - 상류층)

문제는 40~50대가 은퇴하는 10~20년 후에는 경제적 차이가 더욱 심각해질 수 있다는 데에 있습니다.

우리나라 가계부채 비율은 지난해 9월 말 137%까지 높아진 것으로 추정되고 있습니다. 통계청의 조사 결과를 보면 지난해 2인 이상 가구 기준 월평균 소득은 430만 원으로 전년 대비 3.4% 증가하는 데 그쳤는데, 이를 종합하면 가계 소득이 개선되지 못하는 상태에서 빚만 빠르게 늘고 있다는 추정이 가능합니다. 게다가 각종 세금은 하루가 멀다 하고 오르고 있는 실정입니다.

계속되는 건강 보험료 인상에, 직장인의 보험료 부담도 매년 가중되고 있습니다. 통계청에 따르면 가계의 세금부담

증가 속도가 소득의 2배에 달하는 것으로 나타났습니다. 앞으로 베이비붐 세대의 은퇴가 본격화되면 세금 인상률 역시 급속도로 늘어날 전망이라고 하니 직장인들의 부담은 더욱 커지게 되었습니다.

싱글일 경우에는 그나마 낫습니다. 30~40대면 대개 가정을 이루고 자녀를 가지게 되는 나이입니다. 혼자, 혹은 커플이 살 때와 자녀가 태어난 이후의 삶은 크게 다릅니다. 아이와 관련된 교육, 의복, 음식 등 새로운 영역에서 생각지도 못한 소비가 생겨나게 나게 되지요. 가족 중 누가 아프기라도 하면 그야말로 큰일입니다. 각종 화재, 범죄와 같은 위협에서도 자유로울 수 없습니다.

우리나라의 40~50세대는 부모를 오래 부양하고도 정작 자신은 자녀에게 노후를 기댈 수 없는 소위 '낀 세대'로 노후 생활이 매우 불안정합니다. 그들은 안타깝게도 가장 자살률이 높고 빚이 많은 세대이기도 합니다. 그만큼 삶이 고달프고 돈을 쓸 곳이 많다는 것입니다. 더욱이 걱정스러운 것은 40~50대는 인생을 통틀어 돈을 가장 많이 버는 단계이지만 그 돈은 자신을 위해 쓰거나 노후 대비에 투자할 수 없다는 사실입니다.

도대체 그토록 열심히 번 돈은 다 어디로 갔을까요? 퇴직 후 천천히 '제2의 인생'을 설계하고 싶지만 현실은 우리를 편하게 놔두지 않습니다. 안정적인 월급은 사라졌고 은행 대출금, 세금, 아이들의 교육비 납입 등은 돌아서기 무섭게 꼬박꼬박 찾아옵니다.

맞벌이를 해도 쓸 곳이 많아 은퇴자금을 준비하는 것이 쉽지가 않습니다. 교육비에 결혼자금까지 자녀 뒷바라지를 하다 보면 40~50대의 은퇴 준비는 공염불이 되기 십상입니다. 조기은퇴가 아니라고 하더라도, 정상적인 노후준비를 위해서는 40~50대에 생각의 전환이 필요합니다.

4

은퇴를 준비하는 60대의 고민은?

보통의 60대라면 이미 직장에서 은퇴한 지 오래일 것입니다. 하지만 100세 수명 시대에 완전한 은퇴(일에서 완전히 자유로워지는 것)에 이르는 길은 멀고도 험난하기만 합니다. 우리나라는 노인층에 대한 사회 시스템 기반이 여전히 미비하기 때문입니다.

한국의 고령층은 72세까지 일하기를 원하지만 만 49세가 되면 가장 오래 다녔던 직장에서 퇴직하는 것으로 나타났습니다. 하지만 노후 준비가 안 돼 은퇴 후 다시 노동시장에 뛰어들면서 한국 남성들의 실제 은퇴 연령은 경제협력개발기구(OECD) 회원국 가운데 가장 높았습니다. 청년층 취업준비생 3명 중 1명은 안정적인 직업으로 꼽히는 공무원 임용시험을 준비하는 것으로 조사된 것만 보아도, 나이를 불문

하고 '불안한 노후'가 최대 고민거리인 셈입니다.

　60~70대가 생활을 위한 충분한 수입원을 확보하려면 계속 일하는 것 외에는 뚜렷한 대안이 없습니다. 충분한 노후 자금이 설계되어 있고 다달이 넉넉한 액수의 연금이 나오는 소수의 경우를 빼고 말입니다. OECD에 따르면 한국 남성의 실질 은퇴 평균 연령은 71세라고 합니다. 이는 곧 70대 초반까지 먹고살기 위해 일을 해야 한다는 것을 의미합니다.

　그럼에도 우리나라 65세 이상 노인의 빈곤율은 무려 48.5%로 OECD 국가 평균보다 3.4배나 높습니다. 다른 나라보다 더 오래 더 많이 일을 하는데도 생활은 더 어려운 것입니다. 일례로 지난 1년간 연금을 받은 고령층은 45.0%로, 월평균 49만 원을 받은 것으로 조사됐습니다. 연금수령액은 월 10~25만원 미만이 50.6%로 가장 많았는데, 한 달 생활비로는 턱없이 부족한 액수입니다. 나이에 맞지 않게 장시간의 노동과 저임금에 시달리다 보니 우리나라 65세 이상 노인 인구의 자살률도 OECD 국가 평균의 3배에 이르고 있습니다.

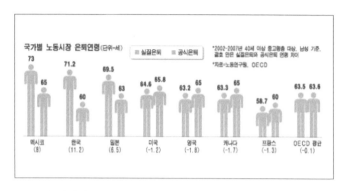

국가별 노동시장 은퇴연령 (단위:세)　■ 실질은퇴　■ 공식은퇴

*2002~2007년 40세 이상 종고령층 대상, 남성 기준.
괄호 안은 실질은퇴와 공식은퇴 연령 차이
*자료:노동연구원, OECD

멕시코 (8): 73 / 65
한국 (11.2): 71.2 / 60
일본 (6.5): 69.5 / 63
미국 (-1.2): 64.6 / 65.8
영국 (-1.8): 63.2 / 65
캐나다 (-1.7): 63.3 / 65
프랑스 (-1.3): 58.7 / 60
OECD 평균 (-0.1): 63.5 / 63.6

우리나라 60~70 세대는 그 어느 나라 어떤 세대보다 열심히 일하며 치열하게 살아온, 이 나라의 경제의 기반을 닦아온 세대입니다. 결코 젊음을 헛되이 보낸 세대가 아닌 것입니다. 그런데도 노인층 대부분이 빈곤과 소외에 시달리며 마음 편히 은퇴하지 못하는 게 현실이라면, 우리도 무언가 대책을 세워야 하지 않을까요?

이제는 은퇴 후에 최대 걸림돌은 자녀라는 말까지 들려옵니다. 모 연구소에서 실시한 '은퇴 후 뜻밖의 큰 지출' 관련 설문조사를 실시한 결과 자녀를 위한 지출(유학자금, 결혼 비용)이 1위를 차지한 것으로 조사됐습니다. 자녀를 돌보고 가족의 생계만 책임지면 되었던 시대에서 자녀의 결혼 및 이후의 생계까지도 책임져야 하는 상황이 되어버린 것입니다. 과연 우리가 준비한 노후자금은 충분한 것일까요?

5
자영업자의 현실은 이렇다

많은 직장인들이 회사를 그만두고 자신의 가게를 차리는 것을 꿈으로 삼습니다. 실제로 은퇴 자금으로 치킨집이나 빵집 등의 다양한 프랜차이즈 자영업을 시도하는 사람이 점점 늘어나고 있다고 합니다. 하지만 자영업자의 현실은 월급쟁이의 그것보다 더 가혹합니다. 휴일도 없이 거의 하루 종일 가게에 매달려도 평균 월수입이 149만 원에도 못 미친다고 하니, 중년을 넘긴 나이대의 4인 가족이라면 가게를 운영하는 것으로는 살기가 벅찬 것이 현실입니다.

이 때문인지 자영업을 하다가 월급쟁이 직장인으로 다시 돌아가는 경우도 많습니다. 아무리 힘든 회사라도 자영업에 비하면 천국이라는 소리가 괜히 나온 말이 아닌 것입니다.

그나마 직장으로 다시 돌아갈 수 있는 경우는 행운에 가까운 일일 것입니다. 다시 받아주는 직장도 없고, 홀로서기도 할 수 없는 상황이라면 어떻게 해야 할까요?

개인사업자 창업 후 기간별 휴·폐업 비중	
6개월 이내	7.5%
6개월~1년 이내	11.1%
1~2년 이내	17.7%
2~3년 이내	10.7%
3~5년 이내	12.6%
5~7년 이내	8.3%
7~10년 이내	6.1%
10년 이상	1.5%

더구나 옆의 표에 의하면 한 해 부도가 난 자영업자 두 명 중 한 명은 50대인 것으로 나타나 사태의 심각성을 더해 줍니다. 은퇴 연령에 본격 진입한 베이비붐세대 사이에 창업이 인기를 끌고 있지만 그중 절반이 '파산'으로 불우한 노후를 맞을 수 있음을 보여주고 있는 것입니다.

'하늘은 스스로 돕는 자를 돕는다'는 격언처럼 미래도 스스로 준비하는 자에게 유리하게 작용될 수밖에 없습니다. 현재에 충실한 것도 중요하지만 앞으로 100세 시대를 살아

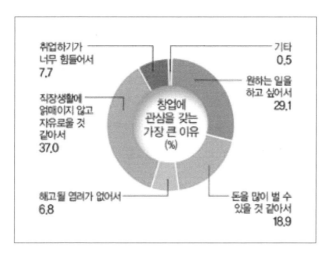

창업에 관심을 갖는 가장 큰 이유 (%)

- 취업하기가 너무 힘들어서 7.7
- 직장생활에 얽매이지 않고 자유로울 것 같아서 37.0
- 해고될 염려가 없어서 6.8
- 기타 0.5
- 원하는 일을 하고 싶어서 29.1
- 돈을 많이 벌 수 있을 것 같아서 18.9

가야 하는 우리들에게는 미래에 대한 준비가 더욱 절실하게 필요한 것입니다.

우리는 우리의 부모 세대가 매일 일터와 집을 부지런히 오가며 열심히 일하면서도 늘 돈과 시간의 부족에 허덕이는 모습을 보아왔습니다. 평생 성실하게 일해도 노년에 극심한 빈곤과 외로움에 시달리는 경우는 셀 수 없이 많습니다. 적어도 부모 세대보다는 나은 삶을 살아야 하지 않을까요?

나이를 먹고 경험을 쌓으며 소득이 늘었지만 가계 빚은 더 늘어나 여전히 불안함을 느끼고 있지 않습니까? 은퇴 후에도 생활비 걱정에 또다시 일터로 향하고 있지는 않습니까? 당신은 아직 은퇴 후의 생활을 책임지지 못할 만큼 나이 들지 않았습니다. 지금은 100세 시대입니다. 지금도 얼마든지 새로운 기회와 인생의 2막을 준비하고 설계하여 시작할 수 있습니다.

그리고 네트워크 비즈니스는 기대 이상의 부를 축적할 수 있는 훌륭한 기회의 비즈니스입니다.

아하, 그렇구나!

시대의 변천사

60년대	70년대	80년대	90년대	21세기
노동의 시대	자본의 시대	기술의 시대	지식의 시대	정보활용의 시대

3

네트워크 비즈니스
해봤어요?

1

안
해봤으면
말을
하지
마세요

이제 소비가 소득이 되는 세상입니다. 그동안은 소비자가 소비를 하면 지출로 끝이 났으나, 이제는 소비를 통해 캐쉬백 해주는 '네트워크 비즈니스' 시대가 된 것입니다.

최근 지속적인 경기 침체와 기업의 구조조정, 조기은퇴로 생계와 미래가 불안해진 많은 사람들이 네트워크 비즈니스에 관심을 보이고 있습니다.

특히 취업과 창업이 어려운 젊은 세대들이 무자본, 무점포로 네트워크 비즈니스를 하고 있습니다. 하지만 우리나라의 '네트워크 비즈니스'는 다단계판매, 피라미드판매의 부정적인 정보로 알려져 아직은 많은 이들이 접근하는 데 신중한 편입니다.

사실 네트워크 비즈니스는 단순히 물건을 파는 일이 아닙니다. 좋은 제품과 기회를 나누는 '기회의 비즈니스'인데도 많은 이들이 부정적인 견해를 갖고 있습니다. 그리고 네트워크 비즈니스의 시스템은 피라미드 구조가 아닌 상하 개념이 없는 독립 자영 사업에 가깝습니다.

사업을 하려면 구멍가게 창업도 몇 천 이상의 자본이 들기 마련이지만, 네트워크 비즈니스는 무자본으로 고소득을 올릴 수도 있으니 밑져도 본전인 것입니다. 단, 우리나라는 네트워크 마케팅이 합법화된 지 20년이 넘었지만 아직도 불법 다단계 판매가 합법적인 것처럼 교묘히 위장을 하며 사회적 폐해를 지속적으로 끼치고 있습니다. 만약 불법다단계 판매 업체를 선택하게 되면 소득은 고사하고 빚만 지게 될수 있으니 네트워크 비즈니스가 무엇인지 잘 알고 시작해야 합니다.

네트워크 비즈니스와 여타 피라미드 혹은 다단계 업체의 구분은 소비자공제조합 가입 여부 확인과(www.macco.or.kr www.kossa.or.kr) 피해자의 유무, 고비용의 가입비, 고가의 내구재상품, 수익발생을 위한 판매원 모집 행위, 공격적인 조직 확장으로 다수의 피해자 발생 문제 등을 꼼꼼히 살펴보면 충분히 구분이 가능합니다.

잊지 마십시오. 네트워크 비즈니스는 당신이 바로 사장입니다.

스스로가 시간과 장소를 선택해서 얼마나 일할 것인지를 순전히 자율적인 판단에 의해 결정할 수 있는 것입니다. 다만 이 비즈니스 역시 다른 여타 사업과 마찬가지로 본인의 많은 열정과 노력이 필요하다는 사실만큼은 분명히 염두에 두어야 할 것입니다.

그냥 몇 사람 데리고 와서 그 사람들이 제품을 팔아주면 나는 앉아서 부자가 되는 그런 일이 아닌 것입니다. 많은 이들 중에는 네트워크 비즈니스로 단기간에 큰돈을 벌 수 있다고 말하는 회사들 때문에 많은 피해를 입기도 합니다. 그러나 이런 회사들은 결국 오래가지 못하고, 또 생겼다가 사라지기를 수없이 반복하고 있습니다.

실패하는 회사들은 대개 한탕주의를 노리기 때문에 문을 닫습니다. 과대, 허위 광고와 겉모양만 번드르르한 속 빈 강정으로 역시 한탕주의에 눈이 먼 사람들이 모여서 사업을 하기 때문입니다. 일명은 그들은 떳다방 사업자들입니다.

네트워크 비즈니스는 제품이나 서비스가 많은 사람한테 호응을 받을 수 있다고 확신하는 시스템으로부터 시작됩니다. 사업자는 제품을 필요로 하는 사람과 아니면 여러 사람 앞에서 설명을 하거나 혹은 직접 사람들을 만나 제품을 전달하는 것과 사업자로 참여하는 것으로부터 비즈니스는 시작되는 것입니다.

네트워크 비즈니스의 핵심은 일반 소비회원과 사업자가 제품을 사용하고, 그 제품에 대해 확신을 가진 뒤 다른 사람에게도 알리는 '소비회원의 직접 참여'에 있습니다.

이런 소비자가 많아질수록 여러분은 그 소비자로 하여금 제품을 직접 이용 후 사업자로 활동 할 수가 있습니다. 그리고 직접 이들을 교육시키고 사업 자료와 제품 설명서, 그리고 노하우 등을 전달해 주면 되는 것입니다. 그들이 제품을 소비 하면서 수입을 얻게 하고, 당신이 구축한 회원들의 전체 소비 구축 대가로 수입을 받게 되는 것입니다. 그리고 당신이 구축한 사업자가 제품을 또 다른 고객에게 전하면서 자연스럽게 '네트워크 비즈니스' 소비자 회원이 확장되는 것이지요.

그러므로 네트워크 비즈니스는 당신이 직접 이용해 보고

제품에 대해 확신하는 사람들과 사업에 대한 비전을 가진 사람과 비전을 공유 할 사람들로 구성되게 되는 것입니다.

이렇게 '네트워크 비즈니스 조직'은 어떤 단계에서 시작하더라도 언제나 발전의 가능성을 갖고 있습니다. 당신이 자신보다 앞선 사람들의 지원을 받아 소비자 구축을 하는 것처럼 당신 스스로가 선택하고 교육시킨 새로운 사람들과 함께 노력하는 한, 네트워크 비즈니스 조직은 거의 무한대로 성장해갈 수 있습니다. 조직 구성원은 제품을 홍보하고 전달하기 위해 따뜻하고 협조적인 관계를 맺어야 하며, 따라서 네트워크 비즈니스는 인간관계를 통한 무한 연쇄 사업입니다.

또한 네트워크 비즈니스의 성공 필수 요건은 좋은 제품과 긍정적인 사업자 마인드입니다. 좋은 제품과 좋은 서비스, 좋은 인간관계와 결속력, 열정만 있다면 네트워크 비즈니스의 성장 가능성은 무한합니다.

네트워크 비즈니스의 시스템은 수입을 기하급수적으로 증가시킬 수 있기 때문에 여러 분야에서 효과적인 마케팅 방식으로 인기를 끌고 있습니다. 튼튼한 회사와 튼튼한 마케팅 조직이 만나면 어느 것이든 강력하고 유익한 비즈니스가 될 수 밖에 없습니다.

자동차 면허를 딸 때도 처음부터 도로에서 운전을 하지는 않습니다. 먼저 학원에 등록하여 작은 트랙에서 천천히 연습하는 것이 필수입니다.

네트워크 비즈니스를 하겠다면 먼저 해야 할 일이 신뢰할 수 있는 회사의 경영자와 리더 사업자를 보고 선택하는 것입니다.

운전면허증만 있다고 운전을 잘하는 것이 아닌 것과 마찬가지로 네트워크 비즈니스에서도 실제 경험이 가장 중요합니다. 자동차에 시동을 거는 것으로 끝나는 게 아니라 고속도로도 주행해 보아야 하는 것입니다. 인생은 모두 경험입니다. 이것은 네트워크 비즈니스에도 그대로 적용됩니다.

여기서 잠깐. 먼저 자신이 네트워크 비즈니스에 적합한지를 생각해봅시다. 특히 네트워크 비즈니스는 인간관계 비즈니스라고 불릴 만큼 대인관계가 중요하기 때문에 사람을 싫어하는 성격은 이 일에 맞지 않습니다.

큰 꿈을 가지고 있고, 늘 밝고 건강하고 솔직하며 항상 행복하고, 다른 사람을 시기하지 않고, 그리고 다른 사람이 시키지 않아도 스스로 의욕을 북돋우며 정열을 불태우고, 스스로 행동하는 사람이라면 어떤 세계에서나 성공할 수 있고, 네트워크 비즈니스에서도 마찬가지입니다. 특히 친밀한 인간관계를 즐기는 사람, 다시 말해 남달리 사람을 좋아하는 성격이야말로 네트워크 비즈니스에 적합한 유형입니다. 만약 당신이 밝고, 건강하고, 사람들과 어울리는 것을 좋아하며, 욕심이 많으면서도 여유 있는 태도를 지니고 있다면 네트워크 비즈니스에 최적화된 사람이라고 할 수 있습니다. 그리고 이것은 '성공인의 특징'에 완벽하게 부합되는 장점이기도 합니다.

다음 항목을 통해 확인해 봅시다.

1) 네트워크 비즈니스는 지렛대를 이용한 경제활동이다.

지금까지 우리가 살아온 체계는 '시간당 임금 × 일한 시간 = 수입'의 공식에 따른 것이었습니다. 따라서 수입을 늘이기 위해서는 시간당 성과를 올리든지 일하는 시간을 늘이는 수 밖에 없었습니다.

그러나 당신의 노력을 지렛대 방식을 이용한다면 10시간의 일로 100시간, 1,000시간의 수입을 올릴 수 있으며, 이것이 바로 네트워크 비즈니스의 원리입니다.

2) 네트워크 비즈니스는 빅(Big) 비즈니스이다.

네트워크 비즈니스는 처음에는 누구나 혼자서 시작하지만, 일정한 기간이 지나면 승수법칙에 의해 폭발적으로 인원의 증가가 이루어지며, 그로 인해 매출액 또한 기하급수적으로 불어나게 됩니다. 예를 들어 한 사람의 개인은 한 달에 20만 원 정도의 물품밖에 사용할 수 없지만, 그 한 사람의 네트워크 인원이 만 명이라고 가정하면 전체 매출액은 월 10억 원 이상이 되는 것입니다.

3) 네트워크 비즈니스는 세일즈가 아니라 교육 및 후원 사업이다.

네트워크 비즈니스는 초기단계에 3~5명의 소비자 그룹을 구축하는 것이 필수입니다. 그러나 이때에도 물건을 가지고 다니며 판매하는 것이 아니라 자신이 물건을 애용하고 품질과 가격 면에서 우수한 품목의 정보를 아는 사람에게 전달(광고)하면 되는 것이며, 일정 단계(직급)부터는 조직을 관리하고 그 파트너(다운라인)들이 성공할 수 있도록 후원하고 교육하는 일을 해야 하기 때문에 네트워크 비즈니스는 세일즈보다는 교육사업에 가깝다고 할 수 있습니다.

4) 네트워크 비즈니스에는 특별한 지식이나 능력, 자본이 필요 없다.

네트워크 비즈니스는 자신이 후원하는 다운라인의 파트너들을 진심으로 도와주고 협력해 나가는 리더십과 자기희생 정신이 필요한 일이지만 시스템대로만 한다면 대인관계가 원만하고 남으로부터 신뢰를 받는 사람이라면 누구든지 할 수 있습니다.

5) 네트워크 비즈니스는 누구나 성공할 수 있다

네트워크 비즈니스는 개인적인 자영사업이므로 고정된 출퇴근과 격무나 야근에 시달릴 일이 전혀 없습니다. 정년퇴직도 없고 구조조정도 없습니다. 일정 기간 동안의 노력으로 확보된 소득이 평생 지급됨은 물론 자녀에게 상속을 할 수 있기 때문에 일을 멈추면 소득도 멈추는 다른 사업과는 비교도 할 수 없는 장점을 가지고 있습니다. 계속 일을 할 필요가 없기 때문에 안정된 풍요 속에서 자신이 진짜로 원하는 일에도 얼마든지 도전할 수 있습니다.

2

영업
보다는
시스템
구축이
중요하다

네트워크 비즈니스는 중간도매상을 통한 유통이나 대중매체를 통한 광고를 하지 않는 대신 오로지 상품을 직접 사용해본 소비자가 상품의 우수성을 경험하여 자의로써 상품의 소비자이자 독립사업자가 되고, 주위 사람들에게 이를 권하여 상품을 나누어 이용하거나 신규사업자로 참여하는 과정을 통해 새로이 형성된 소비자들이 다시 소비자인 동시에 사업자가 되는 과정이 계속됨으로써 상품의 수요 범위가 점차로 넓어지는 무한 연쇄 소개의 한 형태라고 할 수 있습니다.

네트워크 비즈니스에서는 시스템이 꼭 필요하고 매우 중요합니다. 프랜차이즈 사업을 예로 들어볼까요? 맥도널드,

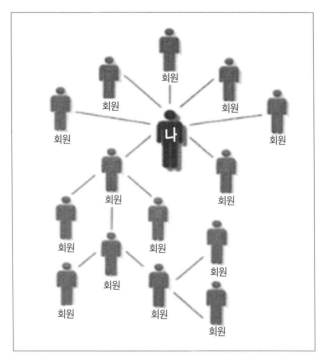

던킨도넛, 스타벅스 같은 세계적으로 유명한 브랜드는 프랜차이즈의 대명사이며 성공이 보장된 사업으로 모두에게 널리 인식되어 있습니다. 프랜차이즈 사업은 누가 하든지 일정 이상의 성공을 보장해주는 독특한 시스템을 가지고 있지요. 그래서 특히 경험 없이 사업을 준비하는 사람들이 값비

싼 로열티를 지불하고서라도 프랜차이즈 사업을 하는 것입니다.

즉 잘 구축된 성공 시스템은 개인의 능력 차이와 상관없이 그 시스템대로 따라하기만 하면, 그러니까 복제만 잘하면 성공을 보상해주는 매우 효과적인 방법입니다. 이것이 바로 시스템의 위력인 것입니다.

상품이 우수하고 합리적인 가치를 가지고 있어도 상품을 중심으로 사업이 전개될 경우에는 개인의 능력에 따라 성과나 사업의 크기가 좌우됩니다. 특출난 능력을 소유한 소수의 사람들에게만 성공의 기회가 주어지는 것입니다. 그러나 누구든지 잘 따라 하기만 하면 성과를 내도록 구축된 시스템에 뒷받침 될 때는 개인의 능력이나 배경보다는 시스템을 얼마나 잘 이용하는가에 따라서 사업의 크기가 결정됩니다. 실제로 네트워크 비즈니스에서 크게 성공한 사람들 중에는 평범한 이들이 많습니다. 네트워크 비즈니스는 성공 시스템이 매우 잘 갖추어진 사업 형태이기 때문입니다.

네트워크 비즈니스는 우선 성공하기 위해 사람들이 갖추어야 할 자세를 쉽게 배울 수 있게 해줍니다. 어느 사업이든 성공 여부는 그 사업을 하는 사람의 자세와 태도에 달려 있기 마련입니다. 사업을 하다 보면 실망과 좌절, 실패를 많이 경험할 수밖에 없습니다. 불굴의 의지로 위기와 난관을 헤쳐나간다는 것은 보통 사람에게는 결코 쉬운 일이 아닙니다. 정말로 큰 성공을 거두기 위해서는, 무엇보다 성공이 가시화되기 전까지 미래의 보상을 믿는 낙관적이고 밝은 마음이 중요합니다. 네트워크 비즈니스는 누구나 0부터 시작하는 사업입니다. 하지만 바닥부터 사업을 일구어나가는 데 필요한 낙관적인 태도와 강인한 정신력을 타고난 사람은 거의 없습니다. 네트워크 비즈니스의 시스템은 초기 사업에 필요한 정보를 제공함은 물론 어려운 환경에서도 사기를 북돋아주고, 긍정적인 사고방식을 심어주며, 다른 사업자들과의 만남을 통해 성공의 메시지를 나누어 비전을 눈으로 확인하는 등의 과정이 잘 구축되어 있습니다.

네트워크 비즈니스 시스템에서 제공하는 책과 자료들은 목수가 사용하는 망치와 톱과 같은 역할들을 하게 됩니다. 많은 사업자들이 책과 영상을 통해 끝없이 배우고 자극을 받고 용기를 얻습니다. 성공자들이 쓴 책을 통해 그들의 생각을 닮고 그들의 자세를 배우고 그들의 대인관계를 배우는 것은 매우 중요합니다. 유유상종이라는 사자성어를 역으로 이용해 성공한 사람들과 함께 먼저 동참해야 합니다.

이탈리아의 선박왕 오나시스는 부두 노동자로 일하던 시절 얼마 되지 않는 월급으로 일주일에 한 번은 선주나 선장들이 파티를 하는 고급 레스토랑에서 식사를 했다고 합니다. 그들의 생각과 말투, 라이프스타일을 배우고자 했던 것입니다.

물론 오나시스처럼 성공자들을 직접 만나는 일은 현실적인 제약으로 인해 쉽지가 않습니다. 그러나 우리는 성공자들의 자서전이나 성공자들에 관해 쓴 책들을 통해 간접적으로 그들을 만나고 그들의 생각을 배울 수 있습니다. 그들의 태도를 지속적으로 배우고 익힘으로써 우리는 자신의 고정관념을 깨고 실패할 수밖에 없는 나쁜 습관을 성공하는 습관으로 바꿀 수 있습니다.

네트워크 비즈니스의 가치는 누구나 성공할 수 있도록 이끌어주는 검증된 시스템이 있다는 데 있습니다. 간혹 자신의 생각과 방식을 고집하는 사업자를 볼 수 있는데, 설혹 자신의 생각과 다르다고 하더라도 일단은 시스템대로 하는 것이 좋습니다. 성공은 편하고 쉬운 길만 찾는 사람에게 절대 문을 열어주지 않기 때문입니다.

최고의 골퍼 타이거 우즈도 자신의 개인적인 방식이 아닌 훈련 프로그램을 철저하게 따름으로써 훌륭한 스윙 폼을 유지하고 있는 것입니다. 현존하는 최고의 타자 이승엽 선수도 코치의 말을 충실하게 따릅니다. 네트워크 비즈니스에서 시스템은 성공으로 가는 길에 있는 장애물과 시련을 넘게 하는 코치이자 훈련 프로그램입니다. 성공이라는 정상으로 오르는 가장 훌륭한 다리라고도 할 수 있습니다.

　네트워크 비즈니스는 꿈과 열정을 가지고 거대한 사업체를 만들기 위해 뛰었던 사람들의 성공 경험 속에서 탄생했으며, 이미 앞서서 무수히 성공을 거둔 성공자들의 경험 속에서 탄생한 검증된 시스템입니다. 그리고 그 시스템을 겸허히 따른 다른 많은 이들도 똑같은 성공을 일구어냈습니다.

　네트워크 비즈니스에서 성공한 사람들은 모두 입을 모아 자신의 개인적인 판단과 노력보다 시스템을 따라 사업했을 때 더 쉬웠다고 말합니다. 그럼 네트워크 비즈니스 시스템의 특징은 무엇일까요.

1) 정보와 지식, 꿈을 공유한다.

네트워크 비즈니스 시스템은 사업자들이 서로 정보와 지식을 나눌 수 있도록 시스템화되어 있습니다. 또한 사업을 하는 동안 주위의 부정적인 편견 때문에 실추됐던 긍정적인 기운을 다시 되찾게 하고, 원대한 비전을 상기시키며, 꿈을 포기하지 않도록 북돋아줍니다.

2) 누구나 따라할 수 있다.

네트워크 비즈니스는 누구나 도전할 수 있는 기회의 비즈니스입니다. 학력이나 성별, 나이, 경제적 능력의 조건과 제한이 전혀 없습니다. 이미 수많은 사람들이 검증한 성공 방식이기도 합니다. 꿈이 있고 꿈을 이루고자 하는 굳건한 마음만 있다면 어느 누구에게는 성공 가능성이 열려 있습니다.

3) 노력이 축적되고 복제된다.

여기서 축적된다는 말은 한 번의 노력이 시스템 안에서 수십 배의 효과를 갖는 것을 말합니다. 기존의 직장이나 자영 사업에서는 한 번의 노력이 한 번의 결과만을 가져온다면, 네트워크 비즈니스 시스템에서는 한 번의 노력이 무한대로 복제되어 엄청난 결과를 만들어냅니다. 그리고 이달의 노력이 다음 달로 지속적으로 이어지며 축적되어 갑니다. 2~5년간의 노력이 재래식 사업의 20~50년의 결과를 가져다주는 것입니다. 실로 '시작은 미약하나 나중은 창대한' 사업이라 할 수 있습니다.

3

불법적인 피라미드 구조도 알아야 한다

지금은 그 인식이 많이 달라지긴 했지만, 아직도 네트워크 비즈니스를 '피라미드 조직사업'이라고 생각하는 사람들이 꽤 있습니다. 사실, 따지고 보면 피라미드 조직이야말로 자연스러운 집단 구조입니다. 제품과 서비스를 제공하는 세상의 모든 사업 조직은 아래쪽으로 갈수록 구성원이 많아지는 피라미드 형태로 구성되어 있습니다. 기업은 물론 학교나 교회, 정부 역시도 다단계로 구성된 피라미드 구조를 띠고 있습니다.

이러한 피라미드 구조에서 힘은 아래쪽으로부터 나옵니다. 예를 들어 정부는 피라미드 구조를 통해 아래쪽으로 서비스를 제공하지만, 권력은 아래쪽으로부터의 투표를 통해 나옵니다. 마케팅 회사들은 피라미드 조직을 통해 아래쪽으로 제품을 유통시키지만, 그 회사에 힘을 실어주는 것은 돈을 지불해 물건을 구매하는 소비자들입니다. 결국 피라미드 구조는 쌍방향의 흐름을 구축합니다.

하지만 불법 피라미드 방식은 피라미드 구조의 아래쪽에 있는 사람들이 위쪽으로 돈을 보내도 그 가치가 아래로 이동하지 않는 사기행각입니다. 한마디로 말해 피라미드 상단에 있는 극소수의 사람들만 돈을 벌고 아래쪽에 있는 대다수의 사람들은 돈을 잃는 구조입니다.

오래 전 우리나라에서도 유행했던 '행운의 편지'가 대표적인 불법 피라미드 사기극의 예라고 할 수 있습니다. 이것은 원래 미국에서 크게 번졌던 사기극으로, 미국 정부가 법적인 조치를 취하기 전까지 많은 사람들이 이로 인해 피해를 입었지요.

행운의 편지의 원리는 이렇습니다. 어느 날 당신의 우체통으로 편지 한 통이 날아듭니다. 그 편지에는 보통 이렇게 적혀 있습니다.

"당신에게는 부자가 될 권리가 있다. 이 편지에 적힌 대로만 하면 한 달 안에 수천에서 수만 달러가 마술처럼 당신의 통장으로 들어올 것이다."

편지에는 이름과 주소들이 나열되어 있는데, 목록의 맨 위에 있는 이름으로 액수의 많고 적음에 관계없이 현금을 보낸 다음 그 이름을 지우고 자신의 이름을 목록의 맨 끝에 적으라는 지시사항이 적혀 있습니다.

그리고 그 편지를 10부에서 100부 정도 복사하여 자신이 아는 모든 사람에게 보내라는 식입니다. 그리고 이대로 하지 않으면 매우 불운한 일이 생길 것이라는 협박성 경고가 덧붙여져 있기 마련입니다.

왜 이런 께름칙한 경고가 필요했던 것일까요? 그것은 편지의 고리가 끊어지는 것이야말로 행운의 편지의 치명적인 결함이기 때문이었습니다.

만약 편지를 받은 모든 사람들이 목록의 맨 위에 있는 사람에게 돈을 보낸다면, 그리고 그 편지를 받은 사람 역시 똑같이 다수의 사람들에게 복사한 편지를 보낸다면, 피라미드의 맨 밑에 있는 사람들을 제외한 모든 사람들이 상당한 액수의 돈을 벌게 될 것입니다. 하지만 실제로는 그런 일이 일어나지 않았습니다. 그럴 수가 없기 때문입니다. 행운의 편지를 고안해낸 사람들, 꼬리를 밟히기 전에 일찌감치 돈을 챙긴 사람들, 즉 피라미드의 꼭대기에 있는 사람들에게만 돈을 벌 기회가 있었던 것입니다. 결과적으로 그 밖의 다른 모든 사람들이 그들에게 호주머니를 순순히 털어준 셈이었습니다.

'다수를 희생시켜 극소수가 이득을 보는 것' 이것이 바로 행운의 편지와 같은 피라미드 방식이 사기행각인 이유입니다.

이러한 게임에서는 결국 누군가가 연쇄 고리를 깨거나 새로운 참여자들을 모집하지 못하게 되며, 그럴 경우 아래쪽에 있는 대다수의 사람들은 투자한 돈을 한 푼도 돌려받지 못하게 됩니다. 불법 피라미드 방식은 필연적으로 여러 사람에게 피해를 입힐 수밖에 없습니다.

4

프랜차이즈 사업의 허와 실 제대로 알아보자

프랜차이즈는 본부에 체인점 사업 비용을 지불하는 대가로 '제품을 인도받고 영업 지도를 받는 방식' 의 비즈니스 형태를 말합니다.

그들은 보통 광고에서 각종 시설에 이르기까지 사업에 필요한 일체의 사항이 사전에 조사, 개발, 설계, 준비되어 있다고 말합니다. 또한 직원 교육, 회계장부 기록, 제품생산, 소요물품 조달 등 모든 사항에 대해 본부에서 각 체인점 점주를 교육한다고 합니다.

만약 그 말 그대로라면 프랜차이즈 체인점을 하고자 하는 사람들은 가입비만 내고 본부에서 가르쳐준 대로만 하면 틀림없이 성공할 것입니다. 그래서 그런지 거리에 나가 보면 한두 집 건너 하나가 프랜차이즈 점포일 정도로 성황을 이루고 있습니다.

하지만 여기에도 몇 가지 문제가 있습니다. 바로 초기 투자비용이 막대하다는 것입니다. 점포를 임대하고 내부를 꾸미는 데에도 큰돈이 들어가는 데다 기본적인 설비설치를 하고 판매할 물품 구입까지 부대비용도 만만치 않습니다. 더욱이 직원들에게 최저임금을 주면서 하루에 절반 이상을 휴일도 없이 영업하는 것도 쉬운 일이 아니지요.

이 모든 난관을 극복한 사람만이 손익분기점을 넘어 3~5년 후에 마침내 이윤을 올리기 시작합니다. 하지만 이때에 보통 본점에서 내부 인테리어를 최신으로 바꾸기를 종용하거나 새로운 기계를 설치할 것을 강요하는 등 또다시 목돈이 들어갈 일이 생기기 마련입니다. 이 모든 것을 고려해볼 때 프랜차이즈 사업은 소자본으로 성공이 보장되는 안정적인 비즈니스라고 하기가 어렵습니다.

미국의 경제전문지 〈뉴스위크〉에 따르면 전체 프랜차이즈 사업의 3분의 1은 완전히 파산하고, 다른 3분의 1은 손익분기점에 간신히 도달하며 나머지 3분의 1만이 이윤을 남긴다고 합니다. 쉽게 말해 100개의 프랜차이즈 체인점 중 66개가 망한다는 얘기입니다. 큰 돈을 들여 시작하기에는 너무나 위험한 사업인 것입니다.

그래서인지 요즘 노련한 프랜차이즈 전문가들은 처음부터 다섯 개 이상의 점포를 소유할 능력이 없다면 아예 시작하지도 말라고 충고합니다. 고혈압과 두통, 신경성 위장염에 시달릴 바에야 쥐꼬리만 한 월급이라도 받으며 봉급쟁이 생활을 하는 편이 오히려 낫다는 것입니다.

5

비전과
함께 추가
수입을
원하는
파트너를
찾아라

만약 당신에게 매달 100~150만 원을 추가로 벌 수 있는 기회가 주어진다면 어떨까요? 말 그대로 추가 수입이 현재 하는 일과 상관없이 매달 꾸준히 들어오는 것입니다. 매달 들어오는 100~150만 원의 돈이 어떤 사람에게는 많지 않은 돈일 수도 있겠지만, 대부분의 사람에게는 현재의 수입과 비슷하거나 그 이상일 수 있습니다. 실제로 그런 일이 일어난다면, 당신은 어떤 기분일까요? 월급에 의존해서 살아가는 사람들에게는 그것 자체가 꿈의 실현이지 않을까요?

이런 경우는 실제로 성공한 작가나 뮤지션에게는 당연한 듯이 일어나는 일입니다. 사람들이 좋아하고 널리 읽히는 책을 쓴 작가는 한 권의 책을 쓴 대가로 매달, 매년, 짧게는

1~2년에서 길게는 평생 '인세'라는 이름으로 로열티를 지급받습니다. 뮤지션도 마찬가지입니다. 가수, 작곡가, 작사가들은 한두 개의 히트곡만으로도 거의 평생의 수입원을 얻습니다.

재미난 이야기를 짓거나 음악을 만드는 재주가 없는 보통의 평범한 사람은 그럼 추가 수입원을 얻을 수 없는 걸까요?

그렇지 않습니다. 우리에게는 누구나 할 수 있는 네트워크 비즈니스가 있으니까요. 이제는 네트워크 비즈니스 시스템을 충실히 복제함으로써 현재의 일을 포기하지 않고도 얼마든지 추가 수입을 올릴 수 있습니다. 만약 현재의 수입으로도 충분하다고 해도, 매달 수백만 원의 추가 수입이 있다면 더 넓고 쾌적한 집, 더 여유로운 취미 생활, 더 넉넉한 은퇴 계획 등 한층 풍요로운 인생을 즐길 수 있을 것입니다. 경제적 압박에서 자유로운 삶, 인생이 정말 즐거워지지 않을까요?

이를 위해서는 우선 당신처럼 추가수입을 원하는 사람 세 명을 찾아야 합니다. 삶의 질을 향상시키고자 하는 사람이나 빚더미에서 벗어나고 싶은 사람, 자신의 경제적 상황을 개선하기 위해 어떤 일이라도 할 준비가 된 사람 세 명에게 네트워크 비즈니스를 소개하십시오. 단 세 명의 파트너를 제대로만 찾아낸다면, 당신의 사업은 순풍에 돛 단 듯 진행될 것입니다.

아하, 그렇구나!

네트워크 비즈니스의 성공요건

1. 매일 15분 이상 책을 읽는다.

2. 매일 테이프를 1개 이상 듣는다.

3. 주 3회 미팅 등 행사에 참석한다.

4. 제품을 애용한다.

5. 소매고객을 후원, 유지한다.

6. 사업설명에서 자료를 전달하고 비전을 제시한다.

7. 상담 등 대화를 통해 사업을 점검한다.

8. 신뢰를 쌓는다.

4

많은 이들이 이 사업을 선택하는
기준은 여기에 있다

성공조건을 갖추었는지 4p 체크하기

국내에는 이미 네트워크 비즈니스를 표방하는 수백 개의 회사들이 있습니다. 여러분들은 단순히 보상체계만 보고 네트워크 사업에 뛰어드는 우를 범하고 있지는 않습니까? 네트워크 비즈니스는 다단계 판매보다 훨씬 진보된 개념이라 의외로 정통 네트워크 마케팅을 하고 있는 회사는 많지 않습니다. 따라서 제대로 된 네트워크 비즈니스 회사를 안내받아 사업을 시작하는 것이 중요합니다.

좋은 회사를 선별하는 기준은 다음 네 가지가 중요합니다. 제품(Product), 마케팅 플랜(Plan), 인적 구성(People), 사업 시스템(Process) 등으로, 통틀어 4P라고 지칭하기도 합니다. 이 4P를 점검해보기 위한 가장 효과적인 방법은 사업 설명회나 미팅에 참석해 보는 것입니다. 설명회나 미팅에 참석해 보면 제품에 대한 지식, 플랜에 대한 지식, 어떤 사람들이 사업을 하며, 어떻게 사업을 하고 있는지에 대한 정보를 얻을 수 있기 때문입니다.

"네트워크 비즈니스의 핵심은 미팅이다"라는 말이 있을 만큼 네트워크 비즈니스는 인맥을 확장해 가는 사업입니다. 부실한 불법 다단계 회사에서 사업을 진행시킬 경우에는 주위의 사람들에게 염려와 손해를 끼칠 수 있는 만큼, 초기에 제대로 된 신뢰가 가는 네트워크 회사를 선택하여 네트워크 비즈니스를 안정적으로 전개해나가는 것이 무엇보다 중요합니다.

네트워크 비즈니스를 시작하기 전에 먼저 다음 사항들을 점검해보시고, 사업을 본격적으로 시작할지 말지를 결정하십시오.

1. 제품의 지속성

네트워크 비즈니스는 소비자 그룹을 구축하는 사업이므로 제품의 우수성을 먼저 느끼고 성장 가능성과 함께 비전을 공유하는 것이 핵심입니다. 따라서 제일 먼저 제품이 믿을 수 있고 좋은 상품인지를 사용해봐야 합니다.

어떤 사람들은 마케팅 플랜과 제품을 충분히 검증해보지도 않고 주위 사람들에게 구매와 사업을 권유하기도 하는데, 남을 이용하려는 마음으로는 결코 소비자 네트워크를 만들 수 없습니다.

가까운 주위 사람들에게 정말로 소개하고 싶은 제품이어야만 인간관계를 훼손하지 않을 수 있습니다. 꼼꼼하게 따져보았을 때 정말 훌륭한 제품이어야 회사를 신뢰할 수 있으며, 주위 사람들에게도 떳떳하게 전달할 수 있습니다. 네트워크 비즈니스는 자신이 먼저 이용하여야 하는 사업입니다. 자기 자신이 먼저 품질 대비 가치에 대해 확신할 수 있어야 하는 것입니다. 제품이 좋지 않으면, 진심으로 제품의 우수성을 느끼지 못하면 네트워크 비즈니스는 할 수가 없습니다. 따라서 네트워크 비즈니스를 본격적으로 하고 싶다면 우선 가급적 빠른 시간 내에 많은 제품들을 사용해보는 지혜가 필요합니다. 물론 각자의 지출 규모 내에서 계획적으로 합리적으로 사용해봐야 할 것입니다.

2. 마케팅 플랜

그다음으로는 보상규정(수당)을 개관적으로 검토해야 합니다. 수당체제가 얼마나 체계적인지, 모든 사람에게 이익이 되는지, 개인의 노력에 따라 합리적으로 배분되는지, 배분되는 수익구조는 명시적으로 문서화되어 있는지, 모든 규정을 성실하게 이행하고 있는 회사인지 등에 대한 검토가 이루어져야 합니다.

네트워크 사업의 장점은 광고 및 유통의 비용을 우수한 제품의 제조와 서비스 향상에 투자함으로써 생산자, 소비자, 네트워크 회원과 사업자 모두에게 이익을 주는 것이므로 우수한 마케팅 플랜이 반드시 구축되어 있어야 합니다.

네트워크 비즈니스는 누구에게나 독자적으로 사업을 시작할 수 있는 기회를 제공해야 합니다. 회원 각자가 사업자이므로 완전히 독립적으로, 각자의 라이프스타일과 능력에 따라 일하며 자신에게 적합한 목표를 세울 수 있어야 합니다. 모든 회원이 우수한 품질의 제품을 경험해보고 좋으면 주위 소비자에게 전달하여 사용해볼 수 있도록 안내해주는 것을 기본으로 합니다. 모든 제품은 첨단 기술로 제조되어

수차례 품질관리와 공정을 거쳐 항상 최상의 품질을 유지할 수 있어야 합니다.

네트워크 비즈니스는 다이렉트 마케팅 방식으로 고객에 대한 직접 서비스를 편리하고 효과적으로 제공할 수 있어야 합니다. 또한 회원 각자의 노력여하에 따라 성공이 달려 있도록 설계되어야 합니다. 새로운 회원을 후원함과 동시에 제품을 사용해볼 수 있도록 안내함으로써 수입을 증대시킬 수 있어야 합니다.

사업이 성장하는 것을 막는 장애가 없어야 하며, 서로 도울 때 성공이 극대화되는 보상체계를 가지고 있어야 합니다. 불법 피라미드 회사들은 제품의 가격 경쟁력이 없으며, 수당 구조도 구체적이지 않은 데다 자주 바뀌고, 먼저 시작한 사람만 유리하게 설계되었거나 소수의 사람만이 많은 보상을 받을 수 있도록 설계되어 있으니 만약 이런 점이 발견된다면 즉시 그만두어야 할 것입니다.

이렇게 마케팅 플랜을 꼼꼼하게 검토해 합리적이고 도덕적이며 윤리적이라는 판단이 들면 다른 사람에게도 보상체계를 충분히 설명할 수 있을 만큼 잘 이해하고 있어야 합니다.

3. 함께 할 구성원

아무리 제품이 좋고 보상체계가 합리적이고 윤리적일지라도 사업을 권유하는 사람이나 같이 일을 하는 사람들이 어떤 부류인지가 매우 중요합니다. 같은 사업을 하는 사람들이 친목을 도모할 만한 사람들인지, 혹 한탕주의에 빠져 있는 사람들은 아닌지를 잘 살펴보아야 합니다. 이를 위해서는 역시 사업장이나 미팅 장소에 나가보는 것이 가장 확실합니다. 세미나에 참가하여 주위를 둘러보고 몇 마디 대화를 나눠본다면 어떤 사람들이 사업을 하고 있는지 신속하게 파악할 수 있습니다. 세미나에 참석한 사람들에 대해 좀 더 자세히 알고 싶다면 스터디그룹이나 소그룹 미팅에 참여하는 것도 좋은 방법입니다.

만약 모여 있는 사람들이 특정 연령대에 몰려 있거나 대부분 특정 직업을 가지고 있다면 조금 더 경계심을 가지고 살펴볼 필요가 있습니다. 이를테면 젊은 대학생들만 있다든지, 나이 많은 노년층만 있다든지 하면 문제가 있는 회사일 수 있습니다.

제대로 된 네트워크 회사들은 대학생이나 만20세 미만의 사람들, 군인과 같은 특수 직종에 있는 사람들은 가입하지 못하도록 안내하고 있습니다. 기본적으로 네트워크 비즈니스는 다양한 직종의 다양한 사람들이 모여야 사업을 진행하기에도 훨씬 수월합니다.

네트워크 비즈니스는 인적 사업이므로 같이 하는 사람들이 누구인가가 매우 중요합니다. 같이 사업을 하게 될 사람들이 어떠한지를 잘 살펴보고 결정하기 바랍니다.

따져보아야 할 또 하나의 중요한 점이 있습니다. 바로 대표 경영자의 마인드입니다. 대표 경영자가 사업자들을 충분히 존중하고 배려하는 사람인지 잘 헤아려 보십시오. 네트워크 사업에서 회사 경영자와 사업자의 영역은 신뢰를 바탕으로 분리되어 있어야 합니다. 사업자를 교육시키는 전문 마케터에게 교육프로그램을 일임하고 있는지, 경영자가 사업자를 일일이 간섭하는 회사가 아닌지 잘 따져보기 바랍니다.

4. 사업 시스템

네트워크 비즈니스는 교육 시스템이 무엇보다 중요합니다. 물론 네트워크 사업을 하는 회사마다, 또 같은 회사 내에서도 그룹별로 사업 시스템이 조금씩 다를 수는 있습니다. 이미 네트워크 비즈니스의 역사가 미국에서 부터 60여 년 이상 되므로 세계적으로 검증된 사업 시스템과 지원 도구가 있습니다. 이러한 사업 시스템에 잘 갖추어져 있는지를 알아보는 것이 중요합니다.

아무리 네트워크 사업이 미래의 추세에 맞고 좋은 제품을 유통해낸다 하더라도 소비자들을 교육시킬 수 있는 체계적인 교육시스템이 없으면 원활한 사업 진행에 무리가 따릅니다. 성공을 위한 가장 빠른 방법 중의 하나는 이미 정상에 오른 사람의 시스템을 따라가는 것입니다. 정상에 가까이 간 사람, 정상으로 가려는 사람, 정상에 있는 성공자를 안다고 하는 사람이 아니라, 정상까지 직접 오른 사람의 시스템을 따라 그대로 복제해가는 것입니다. 네트워크 비즈니스도 이와 마찬가지입니다.

역사가 있고 성공자가 많이 배출된 회사에는 수많은 성공 경험이 축적되어 있어 어떻게 해야 할지에 대한 구체적이고 체계적인 사업 시스템이 잘 갖추어져 있기 마련입니다. 어떤 일을 시작할 때 자신감이 없거나 잘 해내지 못하는 데는 몇 가지 이유가 있습니다. 우선 무엇을 해야 할지를 모르는 경우가 그렇고, 어떻게 해야 할지를 모를 때 그렇습니다. 무엇을 어떻게 해야 할지 분명히 파악하고 있을 때 우리는 처음 해보는 일에도 자신감을 갖게 되고 원하는 일을 제대로 해낼 수 있게 됩니다.

이처럼 성공이 입증된 시스템을 따라 사업을 전개하면 성공 확률을 비약적으로 높일 수 있습니다. 여기서 시스템이란 '독자적인 기능이 유기적으로 결합하여 전체로서 새로운 기능을 발휘하는 것'이라고 할 수 있습니다. 엔진과 바퀴와 차체 등이 결합해서 자동차라는 시스템이 되고, 각 부서의 업무들이 모여 유기적인 관련 속에 회사라는 시스템이 만들어지는 것입니다.

네트워크 비즈니스에서 이야기하는 시스템이란 성공을 위한 방법론, 성공을 위해 어떤 행동을 해야 할지에 대한 지침, 사업을 효율적으로 진행하기 위한 체계적인 지원체제, 스폰서와 업라인의 경험 등이 유기적으로 결합해서 누구라도 성공할 수 있도록 안내하고 있어야 합니다.

예를 들어 서울에서 부산까지 가려면 부산행 기차를 타면 됩니다. 부산행 기차는 누구든지 타기만 하면 목적지인 부산까지 데려다주는 효율적인 시스템입니다. 따라서 성공이라는 목적지에 도달하고 싶다면 성공적인 시스템이 잘 갖추어져 있는지를 반드시 살펴보아야 합니다. 사업에 필요한 정보와 비즈니스 노하우가 매뉴얼화 되어 있는지, 또 어떻게 교육되고 전달되고 있는지를 체크해보십시오. 그렇다면 당신은 성공의 문턱에 성큼 다가 갈수 있습니다.

아하, ◯◯ 그렇구나!

네트워크 비즈니스는 평생을 두고
도전해볼 수 있는 사업입니다.

모든 사업은 사람의 열정을 먹고 자랍니다. 나무를 가꾸고 돌보듯이 그 사업에 대한 애정을 가지고 장인정신으로 이어가야 하는 것입니다. 그러려면 그 사업에 대해 많은 정보를 얻고 분석하며 더 깊은 세계를 알아나가려는 호기심과 노력이 필요합니다.

대다수의 사업이 실패하는 이유도 이 부분에서 기인합니다. 제대로 알아보지도 않고 감정적으로 사업을 선택한 뒤 마음에 들지 않거나 초기 수익이 나지 않으면 금방 그만두고, 또 다른 사업을 찾아 나서기 때문입니다.

따라서 실패 가능성을 줄이려면 사업 선택 시에 '한 우물을 파도 아깝지 않은' 아이템을 심사숙고해서 선정하고, 일단 사업에 돌입하면 당장 수익이 많지 않더라도 장기적인 안목으로 꾸준히 사업 가치를 높이기 위해 노력해야 합니다. 그런 면에서 네트워크 사업은 평생을 두고 도전해볼 수 있는 훌륭한 사업입니다.

그러므로 성공이라는 목적지에 도달하고 싶다면 성공적인 시스템이 잘 갖추어져 있는지를 반드시 살펴보아야 합니다. 사업에 필요한 정보와 비즈니스 노하우가 매뉴얼화 되어 있는지, 또 어떻게 교육되고 전달되고 있는지를 체크해보십시오. 그렇다면 당신은 성공의 문턱에 성큼 다가 갈수 있습니다.

제대로 알려주고 싶다

네트워크 비즈니스의 최종 목표는 시간과 경제적 자유입니다. 그것은 바로 몸과 마음의 경제적인 자립이기도 합니다. 다른 사람에게 의존하지 않고 언제까지나 건강하며, 내 생활을 위한 양식은 누구의 신세도 지지 않고 스스로 해결하는 삶입니다. 네트워크 비즈니스는 모든 사람이 이런 생활을 할 수 있도록 해줍니다.

독립할 자신이 없는 사람은 반드시 다른 사람에게 의존하게 됩니다. 다른 사람에게 의존하는 사람은 반드시 다른 사람을 두려워하게 됩니다. 다른 사람을 두려워하는 자는 반드시 다른 사람에게 아첨하게 됩니다.

그러나 독립적인 삶을 영위하는 사람은 다른 사람의 눈치를 보지 않고 자신이 생각한 대로 자유롭고 멋지게 인생을 살아갈 수 있습니다.

네트워크 비즈니스의 놀라운 점 중 하나는 성공을 향해 내달리는 속도가 빠르다는 것입니다. 다른 비즈니스에서는 생각할 수 없을 정도의 속도로 성공의 길에 접근하는 가능성을 가지고 있습니다.

일반적인 비즈니스는 한 마리의 말이 끄는 사업입니다. 자신의 시간과 노동을 팔아 그 대가로 돈을 받는 것입니다. 많은 사람들이 이러한 구조에 매몰되어 평생에 걸쳐 온갖 고생을 다하며 살아갑니다. 그리고 정신을 차렸을 때는 단지 먹고살기 위해 일하며 따분한 일생을 보낸 사실을 후회합니다.

하지만 네트워크 비즈니스는 그런 시시한 사업이 아닙니다. 상품의 소비자이자 사업자가 되어 똑같은 목표를 가진 동료와 하나가 되어 곱셈처럼 불어나는 소득을 얻을 수 있습니다.

월급을 지불하거나 사무실을 내거나 하는 등의 자본을 투여하지 않고도 좋은 파트너들을 얻고 자유롭게 일하다가, 문득 나만의 소비자그룹이 완성된 것을 보았을 때는 이미 당신은 훌륭한 사업가이자 고소득자가 되어 있을 것입니다.

앞으로는 정부도 기업도 은행도 연금도 자녀도 의지할 수 없는 시대를 맞이하게 됩니다. 편안한 노후를 맞이하기 위해서라면 지금이야말로 진지하게 자립을 생각해야 합니다. 그리고 자신의 힘으로 확실하게 일어설 수 있는 확실한 성공 프로세스, 시간과 경제적 자유, 그것이 바로 네트워크 비즈니스입니다.

누구에게도 의지하지 않고 자신의 의지대로 자신의 인생을 걸어갈 수 있는 사람이야말로 인생의 참맛을 즐길 수 있습니다.

당신 자신의 인생을 자유롭게 살 준비가 되었습니까?

그렇다면 네트워크 비즈니스를 지금 시작하십시오!

사업은 어렵지 않습니다
내게 어떤 사업 자료가 필요할까?

이 질문에 대한 대답은 '사업진행에 따라서 다릅니다' 입니다!
그것은 여러분이 얼마나 큰 네트워크를 얼마나 빨리 이루고자 하느냐에 따라 달라집니다. 네트워크 사업은 여러분이 생각하시는 것처럼 한 가지로 정해져 있는 것이 아닙니다.

물론 그 동안의 경험을 통해서 우리는 여러분이 성공을 향해 나아가는 데 있어서 우선적으로 중요하게 생각해야 하는 내용이나 기술이 어떤 것들이 있는지 알려 드릴 수 있습니다. 많이 아는 만큼 사업 진행도 좋아지는 동시에 자신감도 생길 수 있기 때문에, 지식을 쌓는 것은 무엇보다도 중요합니다.

여러분이 네트워크 사업을 진지하게 생각하면서 전문가가 되고 싶어 하신다면, 처음부터 제대로 된 사업지원 자료(TOOL)를 가지고 시작하셔야 합니다.

시작 단계에서 올바른 결정을 내리신다면 더욱 효율적이고 효과적으로 사업을 하실 수 있을 뿐만 아니라 다른 사람들도 여러분이 하시는 그대로 따라 하게 될 것이기 때문에, 장기적으로 보면 시간과 돈을 절약하는 것이 됩니다.

다음에 제시되어 있는 것은, 여러분이 가장 효과적으로 사업을 진행하실 수 있도록 추천해드리는 '툴' 의 목록입니다.

시스템에서 추천하는 도서 리스트

No	도서명	분류	저자
1	변화 속의 기회	컨택용	박창용 지음
2	나우! 유턴	컨택용	최병진 지음
3	시작하라	컨택용	장성철 지음
4	아바타 수입	컨택용	김종규 지음
5	네트워크마케터를 위한 초기3개월 성공테크	사업진행용	김청흠 지음
6	네트워크마케팅 시스템을 알면 성공한다	사업진행용	석세스기획연구회지음
7	네트워크 마케터 이혜숙이 그린 꿈의 지도 4,300원의 자신감	사업진행용	이혜숙 지음
8	네트워크 비즈니스가 당신에게 알려주지 않는 42가지 비밀	사업진행용	허성민 지음
9	고객을 내편으로 만드는 액션플랜	사업진행용	이내화 지음
10	나인 레버	마인드	조영근 지음
11	책 속의 향기가 운명을 바꾼다	마인드	다이애나 홍 지음
12	감사, 감사의 습관이 기적을 만든다	마인드	정상교 지음
13	드림빌더	리더십	김종규 지음
14	최고 인맥을 활용하는 35가지 비결	리더십	박춘식,장성철 지음
15	될 때까지 끝장을 보라	리더십	김종수 지음
16	다섯 친구	리더십	다이애나 홍 지음
17	웰레스트	리더십	이내화 지음
18	살아가면서 한번은 당신에 대해 물어라	리더십	이철휘 지음
19	실패를 핑계로 도전을 멈추지 마라	리더십	이병현 지음
20	출근시작 30분 전	리더십	김병섭 지음
21	남편만 믿고 살기엔 여자의 인생은 짧다	자기계발	허순이 지음

시스템에서 추천하는 건강도서 리스트

No	도서명	분류	저자
1	비타민, 내 몸을 살린다	건강	정윤상 지음
2	물, 내 몸을 살린다	건강	장성철 지음
3	면역력, 내 몸을 살린다	건강	김윤선 지음
4	영양요법, 내 몸을 살린다	건강	김윤선 지음
5	온열요법, 내 몸을 살린다	건강	정윤상 지음
6	디톡스, 내 몸을 살린다	건강	김윤선 지음
7	생식, 내 몸을 살린다	건강	엄성희 지음
8	다이어트, 내 몸을 살린다	건강	임성은 지음
9	통증클리닉, 내 몸을 살린다	건강	박진우 지음
10	천연화장품, 내 몸을 살린다	화장품	임성은 지음
11	아미노산, 내 몸을 살린다	건강	김지혜 지음
12	오가피, 내 몸을 살린다	건강	김진용 지음
13	석류, 내 몸을 살린다	건강	김윤선 지음
14	효소, 내 몸을 살린다	건강	임성은 지음
15	호전반응, 내 몸을 살린다	건강	양우원 지음
16	블루베리, 내 몸을 살린다	건강	김현표 지음
17	웃음치료, 내 몸을 살린다	건강	김현표 지음
18	미네랄, 내 몸을 살린다	건강	구본홍 지음
19	항산화제, 내 몸을 살린다	건강	정윤상 지음
20	허브, 내 몸을 살린다	건강	이준숙 지음
21	프로폴리스, 내 몸을 살린다	건강	이명주 지음

No	도서명	분류	저자
22	아로니아, 내 몸을 살린다	건강	한덕룡 지음
23	자연치유, 내 몸을 살린다	건강	임성은 지음
24	이소플라본, 내 몸을 살린다	건강	윤철경 지음
25	건강기능식품, 내 몸을 살린다	건강	이문정 지음
01	내 몸을 살리는, 노니	건강	정용준 지음
02	내 몸을 살리는, 해독주스	건강	이준숙 지음
03	내 몸을 살리는, 오메가 3	건강	이은경 지음
04	내 몸을 살리는, 글리코 영양소	건강	이주영 지음
05	내 몸을 살리는, MSM	건강	정용준 지음
06	내 몸을 살리는, 트랜스퍼 팩터	건강	김은숙 지음
07	내 몸을 살리는, 안티에이징	건강	송봉준 지음
08	내 몸을 살리는, 마이크로바이옴	건강	남연우 지음
09	내 몸을 살리는, 수소수	건강	정용준 지음
10	내 몸을 살리는, 게르마늄	건강	송봉준 지음

내 몸을 살리는 시리즈(도서는 계속 출간됩니다)

저자 소개

백상철 |

현재 창조도시문화연구소 대표로 있으며, 국내 700만 네트워커들에게 동기를 자극하고 영감을 불러 일으켜 그들의 비전과 목표를 달성할 수 있도록 컨설팅과 함께 강연 및 세미나를 하고 있다.

이렇게 살아도 되는 걸까?

초판 1쇄 인쇄 2016년 01월 05일   **10쇄** 발행 2021년 11월 25일
     4쇄 발행 2017년 02월 10일

지은이	백상철
발행인	이용길
발행처	**모아북스** MOABOOKS
관리	양성인
디자인	이룸

출판등록번호	제 10-1857호
등록일자	1999. 11. 15
등록된 곳	경기도 고양시 일산동구 호수로(백석동) 358-25 동문타워 2차 519호
대표 전화	0505-627-9784
팩스	031-902-5236
홈페이지	www.moabooks.com
이메일	moabooks@hanmail.net
ISBN	979-11-5849- 020-1 03320

모아북스 는 독자 여러분의 다양한 원고를 기다리고 있습니다.
(보내실 곳 : moabooks@hanmail.net)

네트워크 비즈니스 **기회**

이 책을 전해주신 분께서 네트워크 비즈니스에 대한 정보와
세미나에 대해 자세히 안내해 줄 것입니다.

성 명 : _____

연락처 : _____

이메일 : _____